中小企業の「事業承継」、この1冊で大丈夫!

「子どもに会社をつがせたい」と思ったとき読む本

株式会社新経営サービス
中谷健太

あさ出版

はじめに

近年、黒字であっても「後継者不在」を理由に廃業する会社が増加しています。
中小企業庁の発表によると、60歳以上の社長の半数近くが後継者を決めていません。さらにその6割が「まだ事業承継について考えていない」、もしくは「廃業を検討している（現在の事業を継続するつもりはない）」と報告されています（『中小企業白書２０２０年版』中小企業庁）。

事業承継が行われずに廃業が増加すれば、雇用や取引が消滅するだけでなく、優れた技術も途絶えてしまいます。まさに事業承継対策は国家の一大事であり、国難対策とさえいえます。なぜ、ここまで事業承継が進まなくなったのか。私は以下の3点に集約されると考えています。

①社長が「生涯現役、まだまだできる」と考えている。
②事業の見通しが厳しく、社長が「後継者に苦労させたくない」と考えている。
③社長は「子に継がせたい」のだが、子に承継意欲がない。

こうしたことから後継者を決め切れず、承継が進みません。

かつて中小企業では「子が後を継ぐこと」が当然と考えられていました。しかし近年は、親が子に「継いでほしい」と言える社会でなくなりました。よい大学を出てよい会社に勤め、自分のやりたいことをしている子の姿を見ると、「継いでほしいと言わないこと」が親心であり、美徳と考えてしまうのでしょう。

その結果、事業の継続は、子（同族）への承継割合が減少し、親族以外の内部昇格やM&A（会社の売却）にシフトしてきていますが、それでもまだ**メインパターンは「子への事業承継」**です。創業者や家業を引き継いだ社長にとって、心血を注いで育てた会社は「自分の分身」といっても過言ではありません。その会社を継がせるなら「わが子に」というのは自然な思いです。

同族経営には難しさもあります。子が経営権を握ったあとに先代（親）が追われるように会社を辞めるケース、逆に親が子を解任して再び経営権を握るケース、同じ会社に入ったきょうだいが衝突するケースなど、枚挙に暇《いとま》がありません。

しかし同族会社には、同族ならではの強さや利点があることも事実です。

私は、**後継者は子がベスト**であると考えています。

親（経営者）の背中を見て育った子は、会社に強い思いをもっているものです。私は、数多くの経営の現場を見てきましたが、困難に直面したとき、それを乗り越えるエンジンが、子とそれ以外の人とでは違うように思います。

私自身、先代社長が急逝し何の心づもりも準備もなかった妻が、ドタバタで町工場の女社長となったときの苦境を間近に見てきました。妻は「社長の子」だったからこそ、その逆境を乗り越えられたと強く感じています。

子に承継すべきかどうか悩んでいる社長には、迷わずに「子がもっとも後継にふさわしい」と自信をもってほしいのです。

本書では、事業承継のなかでも「子への承継」に軸足を置いています（もちろん、従業員への承継にも十分に活かせる内容を心がけました）。

子への事業承継を検討するに当たっては、以下のような悩みがあることでしょう。

「できるなら子に継いでほしいが、承継意欲のない子をどうすればいいか」
「業績も見通しも厳しいなか、継いでもらうには何をどうすればよいか」
「株式や事業用資産のすべてを後継者の長男に相続させたいが、きょうだい間や親族内で遺恨や争いのないようにするにはどうすればよいか」
「後継者の株式買取り資金や、納税資金の負担を減らすにはどうすればよいか」
「子が社長になるに当たって伝えておきたいことがあるが、直接言いにくい」
「税理士や銀行、弁護士に相談しているが、それぞれ専門性が違うので提案内容がバラバラで、結局何が正しいのかわからない」

本書は、このような悩みの解決に向けて具体的な方法を解説していきます。

事業承継の相談は、一番身近な顧問税理士に相談することが多いはずです。多くの事業承継本も、大半は税制解説が中心です。しかしながら、節税対策はあくまでも事業承継の一部です。私が数多くの事業承継を支援してきたなかで一番難しいと感じるのは、相続対策ならぬ「争族対策」です。**「親子間・一族の意見調整（争族防止）」が最大の難所**です。

事業承継や相続のタイミングで、これまで仲のよかった親族が険悪になり分裂することも少なくありません。経営権や事業用資産をスムーズに後継できたとしても、それだけでは成功と言えません。

事業承継とは「ヒト」「モノ」「カネ」「知的資産」の引継ぎであり、それを契機に「経営革新」を果たし、新しい成長局面に入る、そこまでやり切ることができて事業承継は成功したと言えます。事業承継の真の目的とは経営革新であり、そこから会社を新たな成長軌道に乗せることです。

最近の事業承継対策では、さまざまなスキームが書籍やセミナーで解説されています。しかし、そうしたスキームの乱立こそが事業承継の本質を見えにくくしています。本書は、子への事業承継に特化しながら、事業承継の全体像や本質をとらえていきます。

どれだけ事業で収益を伸ばし功績があったとしても、事業を承継できなければ、経営者としては合格点をつけることができないと言われます。事業承継は、どの経営者にとっても最大のミッションの一つです。

本書は、社長と後継者の人生初の事業承継を無事に、かつ円滑、円満に成し遂げられるよう、そして一族の輝かしい未来へとつながる橋渡しになることを願って執筆しました。本書の一端でも読者の皆様の事業承継の役に立てば、著者としてもこれに勝る喜びはありません。

２０２４年　早春

事業承継士　中谷健太

「子どもに会社をつがせたい」と思ったとき読む本　Contents

第1章

事業承継は会社を発展させる転換点

第2章 承継意欲のない子を後継者に育てる方法

第3章

廃業するか、売却するかを迫られるとき

第4章

早めの事業承継が会社を伸ばす

第5章

「承継したい会社」に磨き上げる

第6章 後継者に負担をかけないためにやっておくべきこと

第7章

株式購入・納税の資金をどうするか

編集協力 ● ことぶき社
本文デザイン・DTP・図版制作 ● トモエキコウ

序章

子への事業承継を成功させるために

こんな失敗をしてはいけない

「後継者不在」を理由に事業をたたむ会社が後を絶ちません。

代々家業を承継してきた企業でも、子が後を継がず、従業員による承継やM&A（会社の売却）が増えてきました。子が承継しないおもな理由は、「子どもには好きなように自分の人生を歩んでほしい」という社長の〝親心〟です。

本心では「子に継いでもらいたい」と思いつつも、親心から「会社を継がなくていい」と言い、早くから事業承継の選択肢から子を除外している社長も少なくありません。果たして、それは子どもにとってうれしいことでしょうか。私には、親の勝手な思い込みであるように感じられます。

本当に子の意思を尊重するのであれば、人生の選択肢の一つに「後継者」という道を与えることは子のためです。選択肢は多いほどよいのではないでしょうか。事実、会社を継がなかった人からは、「親から後継について一度も話を聞くことがなかった。自分は期待されていないのだと思い、親へのライバル心から自分の道を歩もうと思った」という声も少なからず聞きます。

私は「はじめに」で述べたように**「後継者は子がベスト」**と考えています。困難や苦難に直面したときに、それを乗り越える馬力をもっているのが社長の子です。他人とは積んでいるエンジンが違います。

子への事業承継は、成功すれば一族の繁栄が続くもっとも素晴らしい方法です。一方で、失敗することも多々あります。特徴的なのは「家族や親族の分裂」です。事業承継において家族が分裂し修復できない関係に陥ってしまうことは、誰も望んでいないにもかかわらず、少なくありません。

まず、どんな失敗のケースがあるのかを知ってください。4つのパターンを提示します。親（経営者）として、どんなことをしてはいけないのかを、失敗例から学んでください。

〈パターン1〉事業承継の遅れによる失敗

健康を過信して「生涯現役」を貫き、事業承継の準備をまったくしてこなかった社長（父）が急逝。長男が心づもりも準備もない状態で承継することになりました。生前に打つべき対策（株価対策、事業内容の理解、各方面への根回しなど）がなされていなかったため、社内外に大きな影響が及んでしまいました。

社長の座は息子に譲っていましたが、先代（父親）がまだ株式を80％以上持ち、事業用の不動産を多数所有していたことから株価が高額になっていました。そんななか、父親の認知症が急速に進んで意思・判断能力を喪失し、事業経営が停滞（株主総会の決議、契約ができないなど）。一刻も早く議決権を現社長（息子）に集中させる必要がありますが、株式譲渡に伴う高額の贈与税を支払う資金余力がありません。

〈パターン2〉事業承継の進め方の失敗

社長（父親）は高齢になっても、具体的な事業承継対策について口にすることがありませんでした。焦りと心配から後継者である長男が、「経営権の移譲（株式の譲渡）」「社長交代のタイミング」「相続」の話をもちかけた結果、親子喧嘩が勃発。社長（父親）が他社への会社売却の意向を示す事態になってしまいました。

代々継承してきた家業を絶やすことはできないと考え、一流企業に勤める長男を呼び戻して、半ば強制的に事業を承継させましたが、すでに会社は火の車状態。最大限の対策を打つも再建できず倒産。先祖代々の家業を潰すまいと個人資産を会社につぎ込んだ末、会社だけでなく財産まで失うことになってしまいました。

社長が家族への相談や同意もなく、独断で後継者や財産の分配を決定。会社を継がなかった子や家族から大きな反感を買う結果に。

仲のよい長男と次男に事業を託そうと、2人を入社させました。最初は兄（社長）に従っていた弟も、次第に反発する姿勢が目立ち始め、経営方針・価値観の違いから派閥を形成し、一部の社員を引き連れて独立。親心が徒《あだ》となって兄弟間の骨肉の争いに発展しました。

〈パターン3〉事業承継対策の失敗

代々継承されてきた会社の株式が相続を経て多方面に分散していましたが、3分の2を所有していることで安心し、分散した株式を集約しないまま社長が亡くなりました。息子が承継したのを機に、遠縁の株主から高値での株式の買取りを求められるほか、少数株主権を行使（総会招集請求、役員の解任請求、会計帳簿閲覧請求などの嫌がらせ）されて、経営に集中できない日々が続いています。

社長（父親）が遺言書を残さないまま急逝しました。急遽社長に就任した長男が株式や事業用資産をすべて相続する案を、意思疎通の図れない（仲の悪い）弟に提示しましたが、弟は法定割合での相続を主張。結果、事業用不動産の一部を弟が相続し、その後、弟から事業用不動産の高額での買取りを要求されたため、経営に悪影響を及ぼすことになりました。

社長（父親）が亡くなって相続が発生。相続財産のほとんどは株式や事業用資産（土地）でした。事業承継した長男は自社株式や事業用資産を相続しましたが、弟や妹に遺留分として多額の現金を支払わなければならないことに。

息子（現社長）が父親（先代）の株式を相続しましたが、相続税の納税資金を得るために相続した株式の半数を会社に買い取ってもらいました（金庫株）。しかし、その金庫株は財源規制や手続き規制を守っていないとして、他の株主から訴えられる事態に陥りました。

〈パターン4〉後継者育成の失敗

社長（父親）が、大学を出てわずか2年の息子を取締役として入社させる一方、息子が会社運営をしやすくするために古参幹部を子会社に転籍させました。息子は偉くなったと勘違いし、問題があっても現場を知ろうともせずに机上で判断。そんな息子を甘やかす社長の姿に、これまで会社を支えてきた社員たちはすっかりやる気を失いました。

新社長となった息子が、会社や先代社長への不満や愚痴を周囲に言いふらしたため、社内の雰囲気が悪化。他責ばかりの新社長に誰もついていこうとせず、優秀な社員が続々と退職し、業績が大幅にダウンしました。

◎コンサルティング会社に勤めていた息子が社長に就任し、経営権を握ったとたん、ビジネスモデルを転換。これまでの顧客を軽視し、新たな顧客・成長市場の獲得に乗り出し、人事評価も成果主義に偏った制度に変更。急激な革新に周りがついていけず、優秀な幹部とともに社員が一斉退職する事態になりました。

◎息子に社長を譲ったあとも、先代がことあるごとに新社長の意思決定に口を出し、さらに、社長や幹部も飛び越えて、現場の社員に直接指示をし、喝を入れます。そのため、幹部も社員も先代を見て仕事をしてしまい、新社長は信頼を失い統制がとれない状態になりました。

以上、4つのパターンで事業承継のさまざまな失敗例を紹介しましたが、これらの失敗は、しっかり対策していれば、いずれも未然に防ぐことができるものです。第1章から、事業承継を成功に導く具体的な方法を解説していきましょう。

第1章

事業承継は会社を発展させる転換点

1 後継者は娘しかいなかった

社長の急逝を受けて

京都にある、創業60年の花村工業株式会社（仮称）は、創業以来、大手消費財メーカーの協力工場として、機械メンテナンスや溶接・配管工事、鉄製架台の作製などを行う鉄工所で、最盛期には社内に20人ほどの職人を抱えていました。

この事例の主役は、4代目の社長（就任当時37歳）となった私の妻です。妻の祖父が創業者で妻の父親が2代目社長でした。

妻が7歳の時に祖父が亡くなり、その半年後には心臓に持病があった父も飛行機内で急逝。3代目社長には、亡くなった祖父の妻の姉の夫（当時、専務）が就任し、オーナー家である妻の母が筆頭株主となりました。

2代目（父）が亡くなったあと、3代目社長から「経営はすべて任せてほしい。会社にも来ないでくれ」と言われたこともあって、それから約30年、妻と母は花村工業とは疎遠になっていました。

妻は大学を卒業し、就職した広告会社で営業部員として好成績をあげ、仕事への自信や若さも手伝って、母に「おじいちゃん、お父さんがやってきた会社を継ぎたい」と言ったこともありましたが、母からは、「男ばかりの世界で女は通用しない」と猛反対されたようです。町工場を経営する親であれば、娘には無理と考えるのは自然でしょう。

その後、妻は（私と）結婚して子に恵まれ、趣味を活かしてネイリストとして働きながら平穏な生活を送っていました。そんなある日、母親から一本の電話が入りました。「花村工業の社長（３代目）が亡くなったらしい。これから会計事務所の人と経理担当が家に来るみたいやから一緒に聞いてくれる？」とのことでした。その夜、妻が実家に向かい、花村工業の顧問会計事務所の担当職員、経理担当社員と、筆頭株主である母と妻で、会社の今後について話し合いの場がもたれました。

その場での話は「廃業のススメ」でした。

その理由は、

・従業員の職人のほとんどが60～70代で高齢化していること。
・その職人たちも社長が亡くなったのを機に退社した者もいるし、残りの職人も辞めようとしていること。
・今後を担っていける若手の職人がいないこと。

・唯一の取引先メーカーからの仕事は年々減少しており、毎年なんとか赤字を回避する程度。社長が亡くなったのを機に取引先からの仕事は減り、来年以降さらに業績が厳しくなる見通しであること。

・社内に後継者がいないこと。長年支えてきた番頭は、仲間が次々と退職するなか、高齢ということもあって「難しいことはわからない」と社長就任を拒否している。

こうした話を聞かされた筆頭株主の母は、「廃業」しかないと考えました。しかし、妻の考えは違いました。

私は妻から、祖父や父の思い出として、幼い頃に家の庭に公園にあるような滑り台や鉄棒をつくってくれ、町内で一番大きな鯉のぼりを立ててくれたと聞いていました。妻は、祖父や父の経営者としての背中を見て育ったため、彼らが大事にしてきた会社を「終わらせたくない」と固い意思で、幼い子を抱えながらも「それなら私がやる！」と母に伝えました。私も妻の思いに反対するつもりはなく、「急いで会社の状況を確認しよう」ということになったのです。

POINT ▼

親と子のコミュニケーションギャップ

私は仕事柄、日頃から多くの経営者と接していますが、事業承継への考えを聞くと、「子が継ぎたいと言えば、そうさせたいが、いい会社に勤めて頑張っている姿を見ると、自分からは言い出せない。従業員のなかから優秀な幹部が出てきたら、その人間に任せていけばいい」など、親子で事業承継に向けての話をしたことのない方がほとんどです。

一方で、私の友人には、20～40代の経営者の息子や娘が多くいます。その話を聞くと、「親から話をもち出されたことはないが、育ててくれた親への感謝の気持ちもあるし、親の力にもなりたい。継いでほしいと言われれば応えたい」と言います。また、彼らは経営者の家庭で育っているためか、親の会社を継ぐことはなかったとしても「経営者」にこだわりがあり、自分で会社を起こす人が多いようです。

親は子に継いでほしいけれども「自分からはもちかけられない」、その一方で、子は継いでもよいと思っていても「親から言われていない」。このコミュニケーションギャップが、子への事業承継が進まない大きな理由の一つです。

とにかく代表取締役を選任しなければならない

会社経営者は一般に「社長」と呼ばれますが、会社法上は「代表取締役」が契約などの法律行為を行います。代表取締役を失った会社は法律行為を行うことができず、会社は機能停止に陥ります。

代表取締役が不在では、事業を継続するにも廃業するにも、新たな意思決定や業務執行ができませんから、取引先や金融機関からの信用不安にも直結します。

花村工業では、一刻も早く新しい代表取締役を選任しなければなりませんでした。妻は、母を説得して新たな代表に就任しました。ひとまず代表取締役不在という事態は終息しましたが、ここから継続か廃業かを判断することになりました。

POINT
▼

2名体制で代表取締役の不在を防ぐ

代表取締役は、取締役会を設置している会社では、その決議により取締役から選任されます。取締役会を設置していない会社では株主総会の決議によって選任します。

中小企業では、株主総会を開催せずに株主総会議事録だけを作成するという会社が多いでしょうが、次期社長を決める場合は、適法に株主総会決議を行わなければ、のちに他の相続人や株主から株主総会の有効性が争われ、「お家騒動」に発展する可能性もあります。株主の数が多く、株主総会をスムーズに開催できないことが考えられる場合は、万が一を想定し、あらかじめ2名の代表取締役を定めておくことが望ましいのです。

2 事業を継続するか、廃業するか

職人も経理担当者も辞めてしまった

事業承継に向けては、まずはその事業・会社が「健全かどうか」を評価しなければなりません。不健全であっても再生・健全化の見通しがつけば、事業承継を決断できます。難しければ廃業です。さて、花村工業のケースはどうだったでしょうか。

花村工業の営業利益はほぼゼロ。赤字になってはいないものの、従業員の賃金水準は、同業他社と比べて低く、役員報酬もあまり取れていない状況でした。固定費に無駄な支出はありませんでしたが、必要なところに支出・投資ができていないように思えました（社屋や設備・機械など、必要なメンテナンスができていませんでした）。

一方で、貸借対照表上は過去の利益の蓄えもあって資産超過状態です。

事業の健全性は、おもに決算書などの数値面の経営分析で判断しますが、数値に表れないところに問題がひそんでいることがあります。花村工業も同様でした。

妻は新社長に就任し、会社状況や事業内容の理解に努めましたが、すぐに事業承継に向けての最大の問題が発生しました。「従業員の一斉退職」です。経理を担当していた女性社員も「私も退職金をもらってすぐ辞めますから」の一言。

思い返せば、実家での話し合いの場でも、母が「やはり廃業しかないんですかね？」と言ったとき、その経理担当社員は「もちろん、それしかありません。そうしましょ、そうしましょ！」と喜んでいるように見えたそうです。3代目社長が亡くなったのを機に職人が次々と退職したのも、この経理担当社員が「もうこの会社はアカン。退職金もらって辞めるなら今しかないで」とそそのかしていたからでした。

結局、資金の流れや請求・支払い関係がわかる経理担当社員が逃げるように辞め、顧問の会計事務所職員も辞任しました。なぜ、新社長が就任したとたん、彼らは逃げるように辞めたのか。その理由は察しがつきました。

財産帳簿を確認すると、会社にない資産や家電などが多数計上されており、会計事務所の担当職員にも顧問料以外に毎月数十万円の報酬が支払われていました。経理担当社員と会計事務所職員がグルになっていたことが番頭からの話でわかりました。3代目社長は高齢でほとんど出社することがなく、会社は経理担当社員に私物化されていたのです。

会社は、目先の仕事にも職人不足で対応できず、また経営で一番重要な資金関係の流れの引継ぎが一切できない状態になってしまいました。

POINT
▼
資金繰り表を作成し、印鑑の場所を伝えておく

中小企業にとって「資金繰り」はもっとも重要な経営課題ですが、規模の小さい会社では、経営者だけが資金繰りを管理し、他の役員や従業員が一切把握していないケースが見受けられます。入金と出金の額やスケジュールを把握できず、現預金がマイナスになれば、営業利益が出ていても支払いができず、最悪の場合には倒産してしまいます。

経営者が突然亡くなったり病気になったりしたときには、最優先で資金繰りを把握する必要がありますが、経営者が資金繰り表を作成せず、その頭の中だけにある場合は残された後継者や従業員は苦労します。いつ何があるかわかりません。資金繰りがひと目でわかる資料を作成しておかなければなりません。

経営者の子には「使命感」がある

後を継いだ妻にとって、八方ふさがりとはまさにこのことです。残ってくれた番頭とほかの職人も退職金を受け取って辞めるつもりでいました。さすがに私も今回は、「廃業・清算処理」しかないと思いました。

しかし、妻は諦めませんでした。番頭に会社の詳しい状況を話すと、番頭は、若い頃に創業者の祖父、そして父からよくしてもらっていた恩があったため、「1年間だけ」という条件で残ってくれました。祖父、父が残してくれた希望でした。

新社長となった妻は、会計・税務面をサポートしてもらえる税理士探しに奔走し、また辞めていった職人たちに、戻ってきてくれるよう頼んで回りました。経理は、妻の学生時代からの友人（経理未経験）に頼み込み、手伝ってもらうことになりました。取引先からは「この仕事や業界を知らない人（まして女）に務まるのか」と言われたようですが、なんとか説得し、取引を継続してもらえることになりました。

支払いや請求の流れも、取引先に頭を下げて一からすべて教えてもらいました。先週までネイリストだった妻は作業着を着て、職人と一緒にボイラーや溶接、玉掛けなどの現場に出て、職人に怒られながら汗を流して雑用をこなしました。私は、がむしゃらになって態勢を立て直そうとする姿を見て、「これは社長として十分にやっていける！」と確信しました。

会社が窮地のときに逃げ出すか立ち向かっていくか。そのとき発揮されるのは、子がもつ「強い使命感」です。花村工業は、なんとか最悪の事態は免れましたが、依然、事業承継に向けて課題は山積みでした。

3　事業承継期に実行する3つのこと

事業の「磨き上げ」を行う

営業赤字や債務超過の会社では誰も承継したがりませんから、事業承継の前段階として「磨き上げ」が必要です。磨き上げによって、会社を「健全な状態」にしておくのです。

今は「不健全」だとしても磨き上げを通じて健全化できる会社も多くあります。磨き上げこそが、親族や従業員が「この会社をぜひ継ぎたい」と手を挙げる、後継者不在を解消する有効な手段となります（「磨き上げ」の具体的な手法は第5章で詳述します）。

事業の磨き上げは先代社長の仕事ですが、花村工業においては新社長が自ら行う必要がありました。順を追って見ていきましょう。

〈社長就任1年目――P／Lを磨き上げる〉

花村工業は赤字ではなかったものの、営業利益はきわめて薄く、従業員の賃金水準は低く抑えられ、固定費には無駄な支出がない状態でした。そして、社長交代を機に職人が退職したため、これまでのように取引先からの仕事をすべて受けられる状況ではなくなっていました。このままでは固定費を賄えるほどの売上があがらず赤字に転落してしまうことは目に見えています。

妻は、「今期は赤字でいい、来期にV字回復させる」と決意し、残ってくれた職人の賃金をグンと上げ、あわせて若手職人の採用に向けて初任給もアップしました。就任1年目の目標は以下のとおりでした。

①限られた人員で、高粗利をとれる仕事に集中

これまでは来た仕事をすべて受けていましたが、限られた人員でやっていかなくてはならないので、高い粗利をとれる仕事に集中しました。

②新規開拓営業と「見た目」の磨き上げ

得意先1社に依存していると、得意先の景気や状況に左右されるため、経営努力だけではどうにもならないときがあります。V字回復するためにも新たな仕事先を開拓する必要がありました。花村工業では、社長自ら新規開拓に出向く一方、ホームページ（HP）、会社パンフレットなども新たに作成しました。「見た目」の磨き上げも行ったのです。

③繁忙期に備えて外部の協力先探し

花村工業は繁忙期・閑散期の差が激しい受注型ビジネスです。職人の数が減ったことで、繁忙期に仕事を受けられない事態が懸念されます。仕事を受けられないとなれば、取

引先からの信用が失墜します。そこで新社長は同業組合に所属し、また同業のライバル企業に出向いて繁忙期のサポートを取りつけました。

〈社長就任2年目 ――V字回復を達成〉

就任1年目の取組みが功を奏して、2年目には少人数ながら若手職人が採用でき、高粗利の仕事を集中受注し、さらに繁忙期には外部の協力会社から応援に来てもらって仕事をこなしていきました。

また、継続的な関係の構築を経て新たに別の工場の仕事にも入らせてもらい、HPや組合からの紹介を通じて、1社依存の構造から徐々に脱却していくことができました。

社長就任2年目、過去最高の営業利益を出すことができ、文字どおりのV字回復を果たしました。

分散していた株を買い集める

花村工業は、事業承継後の1年目は、事業体制を立て直して収益力向上に急いで取り組む一方、並行して株式分散問題を解決する必要がありました。

株主構成（議決権シェア）は、母親が60％保有していたものの、先代の3代目社長が10％（相続人へ相続）、その他30％が約20名の親族に分散していました。

旧商法では会社設立に当たっては7名以上の発起人が必要であり、この時代に設立された会社には名義株主（実際には出資していない株主）が存在しがちです。花村工業では、その名義株も、名義の書換えをせずに放置され、その後の相続によって株主の数が増えてしまっていたのです。創業者の祖父は10人きょうだいの長男で、名義株によって親族に株式が分散していました。

母が株式シェアの半数以上を保有しているので普通決議は通せますが、会社の重要事項を決する特別決議（3分の2以上必要）は単独では通せないので、このままでは経営が停滞する可能性があります。何よりやっかいなのが「少数株主権」です。

オーナー家が3分の2以上を持って特別決議を通せる状況であれば、3%や5%の株主の影響はないと軽視する経営者もいますが、3%以上で総会招集請求や役員の解任請求、会計帳簿閲覧請求、1%以上で株主提案や総会検査役選任請求など、少数株主権を駆使すれば、嫌がらせなど面倒なことを発生させることができます。

さらに1株でも持っていれば「株主代表訴訟」もできます。実際に株主代表訴訟の多くは非上場会社で起こっていて、そのほとんどが身内での争いや嫌がらせ、あるいは株を高く買い取ってもらうために起こしたものです。実際に訴えられれば、経営どころの話ではなくなってしまいます。株式については第6章で詳述します。

花村工業でも、早急に４代目新社長の経営権（議決権シェア）を高めなければなりません。会社は10年近く右肩下がりで、利益はほとんど出ていませんでしたが、それでも意外に株価は高いものでした。じつは規模が小さい会社ほど純資産の要素が大きく影響し、過去に儲かっていた会社や土地や不動産を所有している会社ほど株価が高くなりがちです。

先代社長が存命のうちなら、後継者の株式買取り資金対策や納税資金対策など、いろいろな対策が打てますが、今回は、「新社長に相続で得た財産はない」「事業が不安定で資産背景も薄いため、金融機関からの株式買取りの融資もつかない」「会社が少数株主の株式を買い取って株主を整理する自己株式の取得も難しい（会社に現預金の余裕がない）」という状況で、現在も買い集められるところから株主との相対取引で徐々に集約しています。

第二創業の柱となる新事業を探求する

〈社長就任３年目 ―― 第二創業のスタート〉

新社長は、機械メンテナンス事業の業績が回復したタイミングで、すぐに第二創業の柱となるべき新事業の探求を始めました。

新規事業を検討するに当たっては、一般的には自社の強みを分析し、それを活かせる分野の模索となります。しかし、こうした検討プロセスではどうしても既存事業からの「染み出し」レベルの分野にとどまり、新しい分野への進出は図れません。せいぜい鉄工所の川上か川下分野への進出です。では、新分野への進出を考えるには、どうすればよいのか。シンプルに「自分の好きな分野、熱中できる分野」を考えます。

美容に興味関心があれば美容業を模索すればよいでしょうし、食が好きならば飲食業でもよいでしょう。一見、乱暴なようですが、そこに自社の保有する強みが活かせるかどうか、ニッチであってもニーズがある市場かどうかという検討を行います。

また、既存事業が景気商売や受注商売（繁閑が激しい事業）であれば、ストック型（積み上げ型）ビジネスを選んで収入のポートフォリオを組むことも考えます。

花村工業が新規事業として選んだのは、新社長の好きな分野であるグリーン（植物関連）市場でした。そのなかでも植物の栽培や販売ではなく、法人向けの観葉植物や花などのレンタルサービス市場を選びました。

近年、オフィスや職場に植物を置いて、心地よく働ける職場環境のもとで生産性の向上をめざす企業が増えています。

この市場であれば、新社長の営業力が活かせるでしょうし、既存事業とのシナジーとしても、観葉植物レンタルを通じて新たな会社と接点をつくることができるので、工場のメンテナンスや鉄工の仕事につながると考えたのです。

花村工業は、今や京都府・滋賀県を中心に、約３００以上の事業所に観葉植物レンタルサービスを提供し、廃業を検討していた地元の観葉植物レンタル事業者の事業譲渡を受けて、順調に新規事業を拡大させています。新社長は花村工業を、一定規模の安定したフロー、ストックが得られる会社に育て上げました。

私は、**事業承継を契機として「経営革新」を果たし、新しい成長局面に入ることこそが、事業承継の真の目的である**と考えます。中小企業にとっても、**事業承継は単なる経営体制の変更ではなく、さらなる成長・発展を遂げるための一つの転換点になり得る**のです。

POINT
▼

女性が事業を承継するとき

近年、女性が事業を承継するケースが増えています。多くが先代社長の妻か娘で、先代社長の急逝による「突然型」の事業承継です。

親族内承継では、「跡取り息子」という言葉に象徴されるように、「男性」への承継が念頭に置かれるケースが多く、まして本章の事例のように、男社会や職人集団のような業界の会社の後継者として「自分の娘」を考える社長は少ないでしょう。

しかし社長が「女にはこの仕事は無理。娘には苦労かけたくない」と思っていても、きちんと承継対策を行っていない場合は、社長が亡くなれば、妻や娘による突然型の承継もあり得ます。妻や娘にとっては、心づもりも準備も何もできていないなかでの引き継ぎとなって、事業の継続が難しくなることもあります。後継者（妻や娘）の努力によって経営が継続できたとしても、これでは「先代社長の事業承継」は失敗です。

事業承継は、妻や娘も後継者として考える時代です。「女性」が事業を承継し、新しい視点や価値観で事業を革新し、事業を飛躍的に成長させた事例も多く存在します。

4 「ヒト」「モノ」「カネ」「知的資産」を引き継ぐ

節税対策は取組みの一部にすぎない

事業承継を進めるに当たって、「どこから手をつけたらよいかわからない」「誰に相談したらいいかわからない」と悩んでいる経営者が多くいます。最初に思い浮かぶのは顧問税理士への相談でしょう。事業承継イコール節税・相続対策と考えるからです。

しかし、節税対策は事業承継の取組みの一部にすぎません。

事業承継とは、「ヒト」「モノ」「カネ」そして「知的資産」をうまく引き継ぐことです。

具体的には以下のような行動です。

「ヒト」の承継……………経営権、後継者の選定・育成、後継者を補佐する人

「モノ・カネ」の承継……事業用資産（設備、不動産など）、自社株式、資金（運転資金、借入金など）、経営者保証、個人の財産（贈与税・相続税対策）

「知的資産」の承継………経営理念、経営者の信用、取引先とのコネクション、従業員の技術・ノウハウ、会社のブランド、特許、顧客情報、許認可

事業承継対策の本質は、「いかに事業価値を高め、成長発展できるような会社にするか」なのです。

▶「ヒト」「モノ」「カネ」「知的資産」を引き継ぐ

ヒト（経営権）を承継する

経営権
後継者の選定・育成
後継者を補佐する人

モノ・カネ（資産）を承継する

事業用資産（設備、不動産など）
自社株式
資金（運転資金、借入金など）
経営者保証
＋
個人の財産　＊税理士のおもな対策分野
（相続税・贈与税対策は取組みの一部にすぎない）

知的資産を承継する

経営理念
経営者の信用
取引先とのコネクション
従業員の技術・ノウハウ
会社のブランド
特許
顧客情報
許認可

第2章

承継意欲のない子を後継者に育てる方法

1 すぐに子に承継できないときどうするか

健康に不安があるが、子はまだ若い

次はN社の事業承継の事例です。今は長男が会社を引き継いでいますが、約10年前に私が相談を受けたとき、長男は大学を卒業して、希望する大手企業に勤め始めたばかりの25歳。承継の意欲はまったくありませんでした。

その当時、63歳の社長は検査入院を繰り返すことが多くなり、健康不安を覚え、「引継ぎを急がなければならない」という危機感を高めていました。「事業承継対策まったなし」「でもいつか子が継ぎたいと言ったとき、どうすればよいのか」という2つの思いの間で、なかなか具体的な対策を立てられずにいました。そこで私に相談が寄せられました。

これは事業承継の相談として多いケースです。子はまだ若いけれども、早めに事業承継を考えなければならない。こんな状況でどう対策すればよいのか、本事例を通じて具体的に考えていきましょう。

N社の社長は高校卒業後に九州から大阪に出てきて、電気設備工事の職人として働き、そこから独立し、妻と一緒に苦労して約30年、従業員20名の会社に育てた創業者です。私は社長から次のように伝えられました。

「まだまだできると思っていたが、健康の不安を覚えるようになった。しかし、子を授かったのが遅くまだ子は若い（当時、長男25歳、長女21歳）」

「子どもたちには自分の人生は自分で決めてほしいという思いが強い。長男は難関の国立大学を卒業し、大手企業に勤めているし、娘はまだ大学生だ。将来のある２人に対して会社を継ぐかどうかの話（打診）は、今はしたくない」

「会社には若い経営幹部もいるし、いざというときはどうにかなると思っていたが、やはり本心としては、いつか子に継いでもらえるとうれしいし、子が将来『継ぎたい』と言ったときにどう承継すればいいのかわからない」

「継いでもらいたいと思いつつ、以前、子に『継ぐ必要はない』と強がりを伝えた」

このようにまだ子どもが若く、希望にあふれて自分の人生を歩もうとしている段階では、承継を要請しても断られる可能性が高いので、面と向かって「継いでほしい」と言えないケースがほとんどでしょう。子どもが選択した道や仕事をやめさせてまで継がせるべきではないという考え方もあります。

内部昇格でワンポイントリリーフを検討

いつか子どもに承継意欲が出てくることに期待し、事業承継対策が遅くなるケースは多く見受けられます。本格的な対策は、後継者が決まらないことには始まりません。後継者を決めることが、事業承継対策のなかでもっとも重要でもっとも難しいものです。

私は、N社の社長から相談を受けて、社長が本心で望んでいる長男への承継について、現実的なタイミングを検討することにしました。私からN社の社長に次のように伝えました。

「長男が35歳になったときに社長を交代するとすれば、あと10年、現社長が70代半ばまで現役で頑張る必要があります」

「30代半ばの後継者に交代するのは早すぎるのではないかという感想をもつ社長が多いのですが、若い後継者が新たな販路開拓など、業績を伸ばすケースが多いものです」

私は年齢表（53ページ上段参照）を作成して見ていただきました。

社長からは次のように回答がありました。

「頭ではいつかそのうち継がせることができると思っていましたが、こうやって今後の年齢を見ると、あと10年頑張らなければならないのですね。そもそも、子が10年後に後を継ぐ可能性もわかりませんし、健康に自信がありません。後継するまでに自分に何かあったときに、次期社長選出での社内の混乱や、家族は相続税負担など大変なことになりそうです」

「現実的に考えると内部昇格で次期社長を決めて承継するのがよいですよね……。でも誰を後継者とすればよいのか。こっちが後継者と決めたところで株式とか、その買取り資金とかどうすればよいのでしょうか？」

社長と長男の年齢を表で実感してもらうことで、現実を認識し健全な危機感をもつことができました。私から社長へは次のように提案しました。

「いつかお子さんが、父の会社を継ぎたいと言い出すこともあるかもしれません。将来的にその可能性を残しつつ、現実的には従業員への承継になろうかと思います。ワンポイントリリーフ（ブリッジ役）になるかもしれませんが、ひとまず社内で次期後継者を考えてはどうでしょうか」

後継者がまだ若い場合は、事業承継意欲が出てくるまでの時間や成長するまでの時間を確保するためにも、いったんは内部昇格による交代を行い、その後、子どもが後継者候補となったときに承継するパターンも少なくありません。

その場合には、社内にブリッジ役の社長候補がいるかどうかを検討し、後継者の教育係と会社の業務執行の最高責任者としてのポジションを担ってもらうことになります。

N社のケースでは、社内のナンバー2は長らく会社を一緒に支えてきた常務（61歳）で、以下、工事部部長（56歳）と経理総務課長（55歳）が続いていました。

さらに、私は次のように補足しました。

「まずナンバー2の常務ですが、社長と同世代なので次期社長をやっていただいても、すぐにまた後継者探しや、事業承継対策を考えなければなりません。もし10年後の、長男への社長交代を想定すると、今56歳の工事部部長に白羽の矢を立てれば、66歳くらいまで社長を頑張っていただくことになります。

もちろんもう少し若い方でもよいのですが、常務や部長を差し置いて社長にするのは現実的ではないでしょう。ただし、お子さんが継ぐかどうかわからないので、B案として3代目も従業員承継になることを見据えておきましょう。年齢的にいま45歳前後の社員が3代目候補（第3世代）になりそうですね」

私は承継のタイミングについて、さらに、表（左ページ下段参照）をつくって見ていただきました。

社長は、「なるほど、承継年齢を表にすると、どの世代を育てていけばよいのかわかりやすいですね。これだけでも、頭の中でボンヤリと考えていたことがスッキリとして前が

年齢表で社長と後継者の年齢を確認する

		現在	1年後	2年後	3年後	4年後	5年後	6年後	7年後	8年後	9年後	10年後	11年後	12年後	13年後	14年後	15年後
創業者	社長	63歳	64歳	65歳	66歳	67歳	68歳	69歳	70歳	71歳	72歳	73歳	74歳	75歳	76歳	77歳	78歳
後継者	長男	25歳	26歳	27歳	28歳	29歳	30歳	31歳	32歳	33歳	34歳	35歳	36歳	37歳	38歳	39歳	40歳

10年後：承継のタイミング?

承継のタイミングを考える（2代目、3代目）

			現在	1年後	2年後	3年後	4年後	5年後	6年後	7年後	8年後	9年後	10年後	11年後	12年後	13年後	14年後	15年後
創業者		社長	63歳	64歳	65歳	66歳	67歳	68歳	69歳	70歳	71歳	72歳	73歳	74歳	75歳	76歳	77歳	78歳
2代目		部長	56歳	57歳	58歳	59歳	60歳	61歳	62歳	63歳	64歳	65歳	66歳	67歳	68歳	69歳	70歳	71歳
3代目	A案	長男	25歳	26歳	27歳	28歳	29歳	30歳	31歳	32歳	33歳	34歳	35歳	36歳	37歳	38歳	39歳	40歳
	B案	社内	45歳	46歳	47歳	48歳	49歳	50歳	51歳	52歳	53歳	54歳	55歳	56歳	57歳	58歳	59歳	60歳

2年後：従業員承継（1回目）

3年後〜7年後（2代目）：リリーフ社長

10年後：長男あるいは従業員承継（2回目）

見えてきた感じがします」と見通しがついたようです。

そこで、私から追加の提案として以下を申し上げました。

「今の段階での事業承継の方針としては次期社長候補を部長、3代目候補をお子さんか、もしくは内部昇格を見据えて45歳前後の優秀なメンバーを何名か教育していくというのはどうでしょうか？　仮に、お子さんが継ぐことになったとしても、将来の幹部社員を後継者の右腕として同時に並べて研修すれば第3世代の経営体制の完成度が上がることでしょう。部長に次期社長として頑張っていただいている間に、お子さんの意向や資質を見極めて後継者にするのかどうかを考えてもよいと思います」

内部昇格の次期社長に株式を渡すべきか？

N社では、次期社長候補として工事部部長（56歳）を後継候補とすることになりましたが、こうしたとき、よく受ける相談が「株式」をどうするかという問題です。

N社のようなケースでは、子どもがまだ若く、子への事業承継が選択肢として存在する状況（子が明確に事業承継を拒否していない状況）なので、将来、子が継ぐことになったときに単独で会社の重要事項を決定できる状態を確保するために、自社株は内部昇格の次期社長に急いで渡さなくてもよいと考えます。

現実的に、従業員承継の場合は従業員に資産背景がないことも多いため、株式の買取り資金の問題もあります。株価が高く、買取りのために高額の借入れが必要であれば、そこまでして社長になりたいとは思わないというケースも少なくありません。本人はよくても奥様が反対されるケースもあります。

ただ、株式を渡さなければ、次期社長は株主の意向を伺いながらの経営になります。経営の自由度が下がりますが、公開企業ではごく自然なことでもあります。次期社長に株を渡してしまうと、いずれ子どもが３代目社長になったとき、それを買い取らなくてはなりません。

だからといって、この状況でいきなり子に株式を渡すのは難しいでしょう。生前贈与で非課税の範囲（年１１０万円）で少数株式を渡していくことはできますが、株主総会に影響を及ぼす一定数（３分の１や３分の２）の株式を、まだ経営に携わっていない子どもたちに渡すと、次期社長にとって面倒なことになるかもしれません。

したがって、正式に子が後継者と決まっていない間は、慌ててことを進めないほうがよいと考えます。こういうケースでは内部昇格の次期社長に交代しても、現経営者はオーナーとして株をもったままで次期社長をサポートする形をとるべきです。

内部昇格の次期社長は、株式を持たない「雇われ社長」になりますが、しっかりと報酬を渡し、役員退職金も生命保険などを活用して準備し、手厚く処遇すればよいでしょう。

世間の事業承継支援の現場では、「後継者には3分の2以上の株式を持たせないといけない」と当たり前のように言われますが、それが唯一の答えではありません。オーナー家が全株を保有し、株を持たない社長が経営する会社も実際には数多くあります。株を持たない経営者が、オーナー家の一存で退任させられたりトラブルになったりする話もあまり聞いたことがありません。

まだ先の話でわかりませんが、仮にお子さんが継がない場合には、MBO（マネジメント・バイアウト）なども含めて、自社株の従業員への承継を本格的に考えなければなりません。

POINT
▼

社員の後継社長に株式を渡す際の留意点

社員を後継社長に指名して株式を渡せば、これからの自分（後継社長）の働きによって企業価値が向上した場合、株価上昇に伴う利益を享受できますから、モチベーション向上につながります。重要な意思決定もそのつどオーナーに同意を求めずにスピーディーに進めることができます。

ただし、あらかじめ対策をとっておかなければ、その社長が退任した場合や相続が発生した場合、社外に株式が分散することが考えられます。
具体的な事前対策として、以下の2点が考えられます。

①株主間契約を結ぶ

株式を譲渡する後継社長との間で、「役員退任時には株式を自身もしくは自身が指定する者へ売り渡す旨の株主間契約」を締結しておきます。そうすれば、後継社長から株式を買い取ることで株式を回収できます。株主間契約の内容は自由に決められますが、相手が契約に応じない場合にはこの方法を採ることができません。

②取得条項付株式を活用する

種類株式の一種である「取得条項付株式」を活用すれば、株式を保有する従業員や役員が退職・退任した際に、その株式を会社が強制的に買い取ることができます。

POINT
▼

MBOの流れ

MBOは、従業員（新経営陣）が自社株を買い取る際の資金調達が比較的容易な方法として知られています。MBOの流れは以下のとおりです。

①新経営陣が新会社（受皿会社）を設立する。

②その受皿会社が銀行やファンドから資金を調達して、現社長から株式を買い取る。
＊新経営陣が個人借入れをする必要がない（個人保証を求められる可能性はある）。
③受皿会社と、もともとの本体会社を合併する。
＊受皿会社は事業も資産もない会社なので、自社株を購入したあとに本体会社（事業会社）と合併する。
④合併存続会社事業の収益から金融機関に借入金を返済する。

2 子の承継意欲を醸成する

子は「継がせてほしい」とは言わない

子が社会で自立していても、親から見れば「子どもはいつまでたっても子ども」で、ついつい足りないところを指摘したり、教えたりしがちです。そのため、子にとって親は煙たい存在であることが少なくありません。また、子にとって親は、いつか超えるべきライバルです。したがって、子から親へ「継がせてほしい」と事業承継の話を切り出すことはないのが自然です。ここが「子への承継のスタート地点」と考えておくことが大切です。

じつは子は、「自分の選んだ仕事で頑張りたい」という気持ちのある一方で、「後継者を期待されているのだろう」とも感じています。口では「親父が苦手だ」とは言っても尊敬している部分もあります。心のどこかで話をしたいと思っているのも事実です。

もし、社長である親が子に遠慮して話をしないままでいれば、ただ年月が過ぎてしまい、子が勤務先で責任のある立場になれば、さらに後継者として入社するタイミングを逸することになります。遠方に勤めている場合は、そこで家庭をもつと、自分の都合だけでは考えられないことにもなります。

親に、子に継いでもらいたいという気持ちが少しでもあるなら、その期待を伝えることが重要です。それも早い時期に話しておいて損はありません。子どもが20代のときに話をしてもほとんど断られるでしょう。それでも親の意思を伝えておくことは重要です。

そこで大事なことは、意見が異なった（断られた）からといって、感情的なシコリを残さないようにすること。せっかく「会社を継ぐか？」と聞いたのに、「興味ない」と素気ない返答があれば、感情的にぶつかることもあります。

だから、断られることを前提に聞いて、「そうだよな、いや一応聞いてみただけだ。今の仕事頑張れよ」とそっと引くのです。それによって、子どもは、口では「今の仕事を頑張りたい。継ぐつもりはない」と言いつつも、後継者としての人生（選択肢）もあるのだと明確に認識します。

私は本当に子のためを思うなら、親が「会社を継ぐ必要はない」と子の選択肢を奪うのは間違いだと思います。子にとっては選択肢が多ければ多いほどよいことですし、そのなかからどれを選ぶかは本人次第です。20代のときは断っても、30代には会社員としていろいろ逡巡する時期がきます。

実際に、家業を継がなかった人の話では、社長である親から一度も会社のことや後継について話を聞いたことがなかったために、期待されていないのだと思い、就職した会社で一生懸命頑張ったそうです。その後、親が高齢となって「後継者として会社に入ってほしい」と言われたのですが、すでに責任ある立場にあるため辞めることもできず、なぜもっと早く言ってくれなかったのかと思ったと言います。

子が若いときは「好きなように人生を歩みなさい」と言いつつ、自分が高齢になったときに後継者がおらず、慌てて「継いでくれ」と言う。それではうまくいきません。

POINT
▼

子の事業承継意欲の高め方

子に事業承継意欲があるかどうかは、若いうちに確認しておきたいところです。多くの場合断られるでしょうが、それが普通だと思ってください。面と向かって聞けないのであれば、会社の事業について相談してみるのもよいでしょう。

「こんな商品を考えているんだけど、今の若い人はどう思うかな？」
「新卒採用がなかなか大変だ。今の学生はどういう会社に行きたいんだろうか？」
「会社でインスタグラムを開設したんだけど、なにかアドバイスくれない？」

など、些細な相談をされることは子にとってもうれしいことですし、それによって親の事業について関心や理解が進むことになります。

親の会社を継がなかった子の共通点は、「親と会社のことや事業のことについて話をする機会がなかった」ことです。興味関心をもってもらうために、何気なく会社の話をすることや、子にアドバイスを求めることをおすすめします。

「家族会議」を開く

さて、N社の次期社長は、内部昇格で工事部部長が就任することに決定しましたが、事業承継はオーナー家にとって重要な出来事です。子どもたちに会社の状況と方向性をわかってもらううえでも、またとない機会です。そこで私は「家族会議」を提案し運営しました。

家族会議で伝えたのは、次の4点でした。

①次期社長の決定（内部昇格）と現社長退任後のリタイアプラン（会長となること）。
②会社の実態（事業や収益の状況や、今後の方向性）。
③株式について。
・株式は次期社長に譲渡せず会長が保有し続けること。
・よって会長に何かあった場合は、株式や事業用資産が相続対象となること。
・株価が高いため納税資金対策を考えること。
④もしものときには、株式を相続した親族が株主として次期社長（株式を持たない社長）

をサポートすること。

家族会議は、社長が自分の考えを整理する機会となり、自分に何かあったときのことも含めて、家族全員で話し合うことは家族にとって安心材料となります。じつは今回の家族会議の一番大きな狙いは、子どもたちに会社について理解してもらい、興味関心をもってもらうことでした。家族会議を通じて、家族は初めて会社の実情や今後の方向性などを知り、その情報が子どもの事業承継意欲の喚起につながることがあります。

家族会議を親子だけで実施するケースもありますが、親子間やきょうだい間で意見が異なった場合に、感情的なしこりが残ることも見受けられます。そのリスクを小さくして、より前向きな意見に集約するには、専門的なアドバイスや家族とは異なる視点から意見できる事業承継士などの「専門家（第三者）」の存在が欠かせません。

第三者を入れて議事録をつくり、参加者全員が署名捺印しておくと、のちのちの揉めごとの種を残さずにすみます。

N社では、計画どおり、次期社長候補を内部昇格の部長に決めてから2年後（社長65歳、部長58歳のとき）、2代目への社長交代を実現しました。

社長にとっても、その頃には社長業を全うすることが難しいくらいに体力が低下していて、まさにギリギリのタイミングでの事業承継でした。

3 息子を社長に育て上げる

息子に後を継ぐ気持ちはあるか

N社が2代目社長に交代してから1年後（会長・父親66歳、社長59歳）、長男が28歳になったときに、私は長男と面談の場をもつことにしました。家族会議で顔合わせをして以来、本音を話せる関係になっていました。

長男は会社で数名の部下を率いており、会社員として充実した日々を送っているようでした。一方で、父親からは定期的にN社へのアドバイスを求められたりして、N社の経営状況や今後にも関心をもち始めている様子でした。

私からの相談は、お父さん（会長）の持つ株式についてでした。もし、長男に会社を継ぐ気持ちがなければ、今後も従業員承継や別の承継プランを考えなければなりませんし、長男が継ぐつもりであれば、株式譲渡や納税資金対策を考えなければなりません。

私が、「今の会社でも責任ある立場で頑張られているので、こういった相談はしにくいのですが、今後のお考えを聞いておかなければと思いまして」と切り出すと、長男から

「あと3年、今の会社で頑張らせてほしい。大事なプロジェクトを任されており、それをやり遂げたい。そのあとは父の会社に入って一から現場で学びたい」という回答をもらいました。

その回答を、父親の会長と母親に伝えたときの表情は忘れられません。

そして3年後、31歳になった長男はN社へ入社。私は社長交代のタイミングや事業承継に関する問題点の整理・解決に向けて「事業承継計画書」の作成に取りかかりました。

事業承継計画書はその作成プロセスが重要です。経営者と後継者が本音で語り合い、思いを共有し、課題を認識して、一緒に会社を磨き上げていこうとすることこそが大切です。「創業者はどんな思いでこの会社をやってきたのか、何を大事にしてきたのか」「後継者に伝えたい思いは何なのか」「後継者が大事にしていきたいことは何か、承継したら何をやりたいのか」など、私は本音を引き出す役割を担いながら、会長（父親）と後継者（息子）との会談を取り仕切っていきました。

5年間で社長に育てる教育計画

事業承継計画には後継者の教育プランも盛り込みました。

会長、後継者双方から私に家庭教師役としてサポートしてほしいという意向があったこ

経営陣の育成計画を立てる

会長	年齢	69歳	70歳	71歳	72歳	73歳	74歳
社長	年齢	62歳	63歳	64歳	65歳	66歳	67歳
	役職	代表取締役	代表取締役	代表取締役	代表取締役	代表取締役	相談役
後継者（息子）	年齢	31歳	32歳	33歳	34歳	35歳	36歳
	役職	社員（工事）	社員（営業）	社員（経理/労務）	取締役（経営管理）	専務取締役	代表取締役
	社内教育			新卒採用 PJリーダー BCP策定 PJリーダー		中期経営計画策定リーダー	
	社外教育			管理者養成講座		経営者養成講座	
次期幹部	年齢	51歳	52歳	53歳	54歳	55歳	56歳
	役職	課長（工事）			部長（工事）		常務取締役
	社外教育			管理者養成講座			経営者養成講座

とから、5年間の短期かつ戦略的な後継者育成プランを作成しました（上の表参照）。

長男に、約2年間の現場（各種資格取得含む）と営業の業務を一社員として経験してもらい、その後は全社横断的なプロジェクト（事業継続計画の策定、新卒採用）のリーダーを任せて、社内でリーダーシップを発揮する場をつくりました。

それと並行して、3～5年目は経理・財務や労務・人事、経営管理の仕事も半年ごとのジョブローテーションを実施するとともに、自社を徹底的に知り、他社の後継者との交流を図るために外部の経営者養成講座を1年間受講してもらいました。

半年程度のジョブローテーションでは短いという意見もありますが、後継者はそれぞれの職務のポイントを知って早急に全体最適を考えられる人間となることが重要です。後継者の育成には最低でも5年、通常10年かかると言われますが、戦略的に育成計画を立てて実行することで短縮できます。

大切なポイントは、後継者の経営体制における右腕づくりです。N社では51歳の工事課課長を筆頭に、後継者と同じタイミングで経営陣に引き上げる計画に基づいて、中堅社員たちに長男と同じ社外研修に参加してもらいました。同じ講師から学ぶことで、次期経営陣に共通言語が生まれ、同様の価値観が醸成されやすくなります。

こうして、古参の幹部とも良好な関係性をつくり、社内外に「次期社長は長男」という認識が醸成されていきました。

2回目の家族会議――会社を継がない者への配慮

3代目社長に長男が決定し、久しぶりにオーナー家で家族会議を実施することにしました。目的は、後継者指名と決意表明、そして、会社に入らない長女（他の相続人）への配慮（事業承継時の混乱や争族の防止）です。

父親の目が黒いうちは問題がなくても、亡くなったときに「争族」が始まることが多いので、父親が元気なうちに家族会議を開いて、事業承継時・相続時の混乱を最小限に防ぎます。

難しいのが財産分与です。中小企業のオーナーの資産の大半は株式や事業用資産（土地）であることが多く、それを後継者に集中させなければ、のちに経営に支障が出ることもあります。

N社オーナー家の相続対象財産は以下のようなものでした。

自社株3億円、事業用資産（会社に貸している個人所有の土地）8000万円、自宅6000万円、金融資産（現金、有価証券など）4000万円で、合計4・8億円。

これらのうち、全株式と事業用資産は長男に贈与・相続させ、妻には自宅と現金1000万円、長女には現金3000万円を相続させたいと会長（父親）は考えました。

相続財産の分配自体は自由にできますが、ここで問題となるのが「遺留分」です。遺留分とは法定相続人がもつ民法上の権利で、妻4分の1、子が2人であれば8分の1ずつの割合で権利が保障されており、法定相続人はこの遺留分を請求することができます。

たとえば、後継者である長男に自社株3億＋事業用資産8000万＝3・8億円、母親に自宅6000万円＋金融資産1000万円＝7000万円、長女に金融資産3000万円を相続させようと考えた場合は、妻の遺留分4分の1＝1・2億円、長女の遺留分8分の1＝6000万円となり、先の会長（父親）案では、妻に対して5000万円、長女に

N社オーナー家の相続財産と相続計画

相続財産

自社株	3億円
事業用資産	8000万円
自宅	6000万円
金融資産	4000万円
合計	4.8億円

相続計画

長男	自社株	3億円
	事業用資産	8000万円
妻	自宅	6000万円
	金融資産	1000万円
長女	金融資産	3000万円

相続計画と遺留分の関係

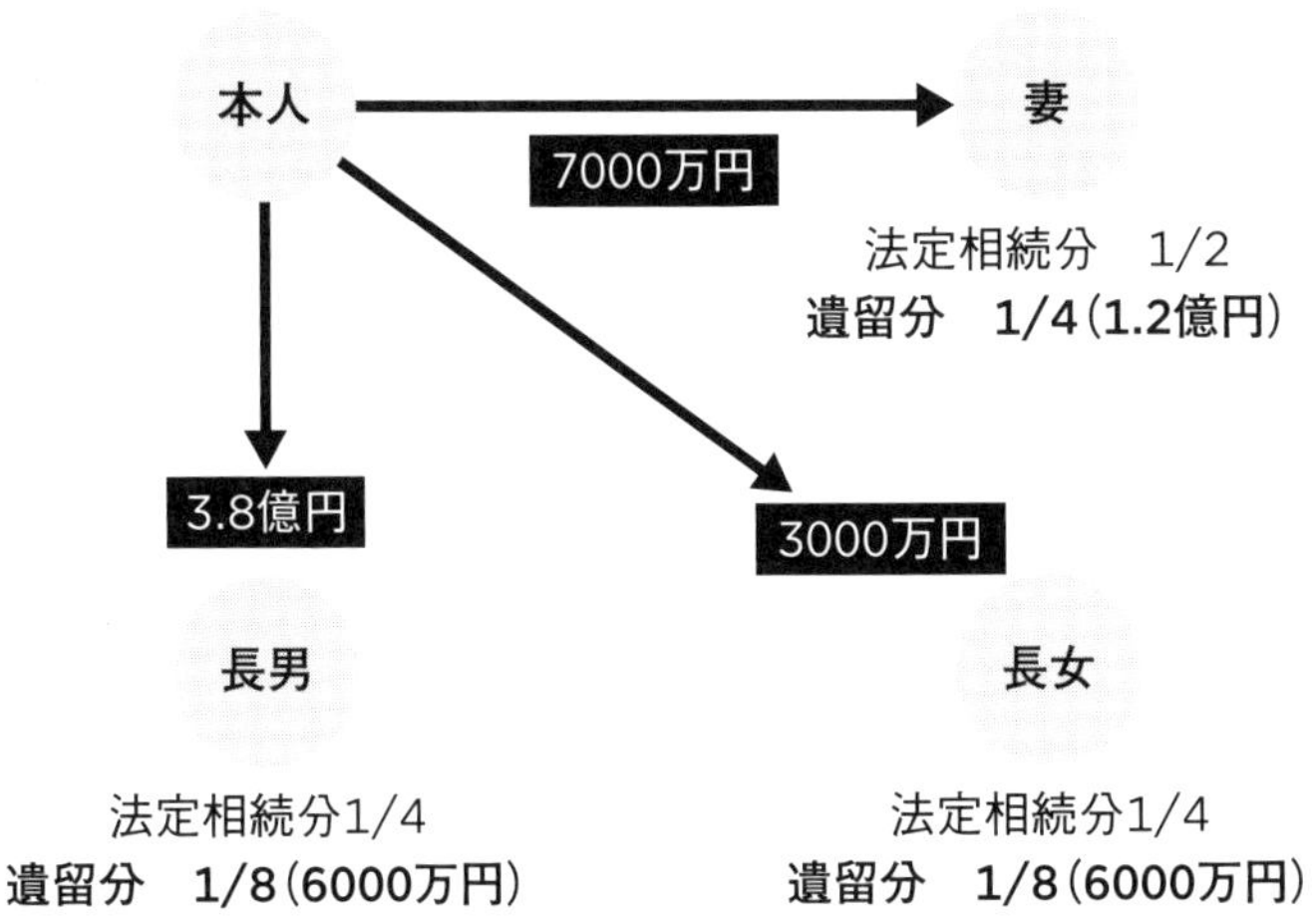

対して3000万円の遺留分を侵害していることになります。
法的には、妻も長女も、後継者である長男に遺留分を侵害している額を金銭で請求することができます。しかし、後継者として多くの資産を引き継いだといっても、株式や事業用資産は簡単には換金できません。

POINT

「遺留分」の侵害

自社株や事業用資産を後継者にすべて相続すると、会社を継がない家族との間に財産分配で不公平が生じ、揉めることが多いものです。継がなかった子は、社長業は役員報酬や経費使用など打ち出の小槌のようにも見え、嫉妬心も大きくなりがちです。

相続では、必ずしも法定相続分に従って財産を分配する必要はなく、被相続人（この場合は社長である父）が自由に決めることができます（遺言書が必要）。しかし、民法では、後継者以外の相続人（会社を継がなかった子）には、最低限の財産取得の権利を認めています。これが遺留分です。

社長から後継者に生前贈与された財産の一部（相続前10年以内に贈与した特別受益）も、遺留分の算定基礎財産に算入されることにも注意が必要です。

遺留分は、相続人が社長の妻と、子2人であれば、妻は4分の1、長男は8分の

1、長女も8分の1となり、妻や長女がこの割合の財産を相続できない場合、遺留分を侵害された状態となります。侵害された額を長男に金銭で支払うように請求することができます。

株式を「遺留分」の計算から除外する

そもそもの問題は、父親の財産に占める自社株式の割合が高いことで、後継者が自社株を相続すると後継者以外の相続人の遺留分を侵害してしまうことです。そのため、N社オーナー家では、「経営承継円滑化法（正式名称、中小企業における経営の承継の円滑化に関する法律）」で認められた「遺留分に関する民法特例」（以下、民法特例）の適用（除外合意）を得ることにしました。

民法特例とは、推定相続人の全員が相続前に合意した場合、現経営者から後継者に贈与された自社株式を遺留分の計算から除外して計算する制度です（民法特例については159ページに詳述）。今回の事例では次のようになります。

相続財産は、自社株3億円が除外され、事業用資産（会社に貸している個人所有の土地）8000万円、自宅6000万円、金融資産（現金、有価証券など）4000万円となります。合計4・8億円の相続財産が1・8億円に圧縮されるのです。

除外合意後の財産分割と遺留分

~~自社株~~	~~3億円~~
事業用資産	8000万円
自宅	6000万円
金融資産	4000万円
合計	1.8億円

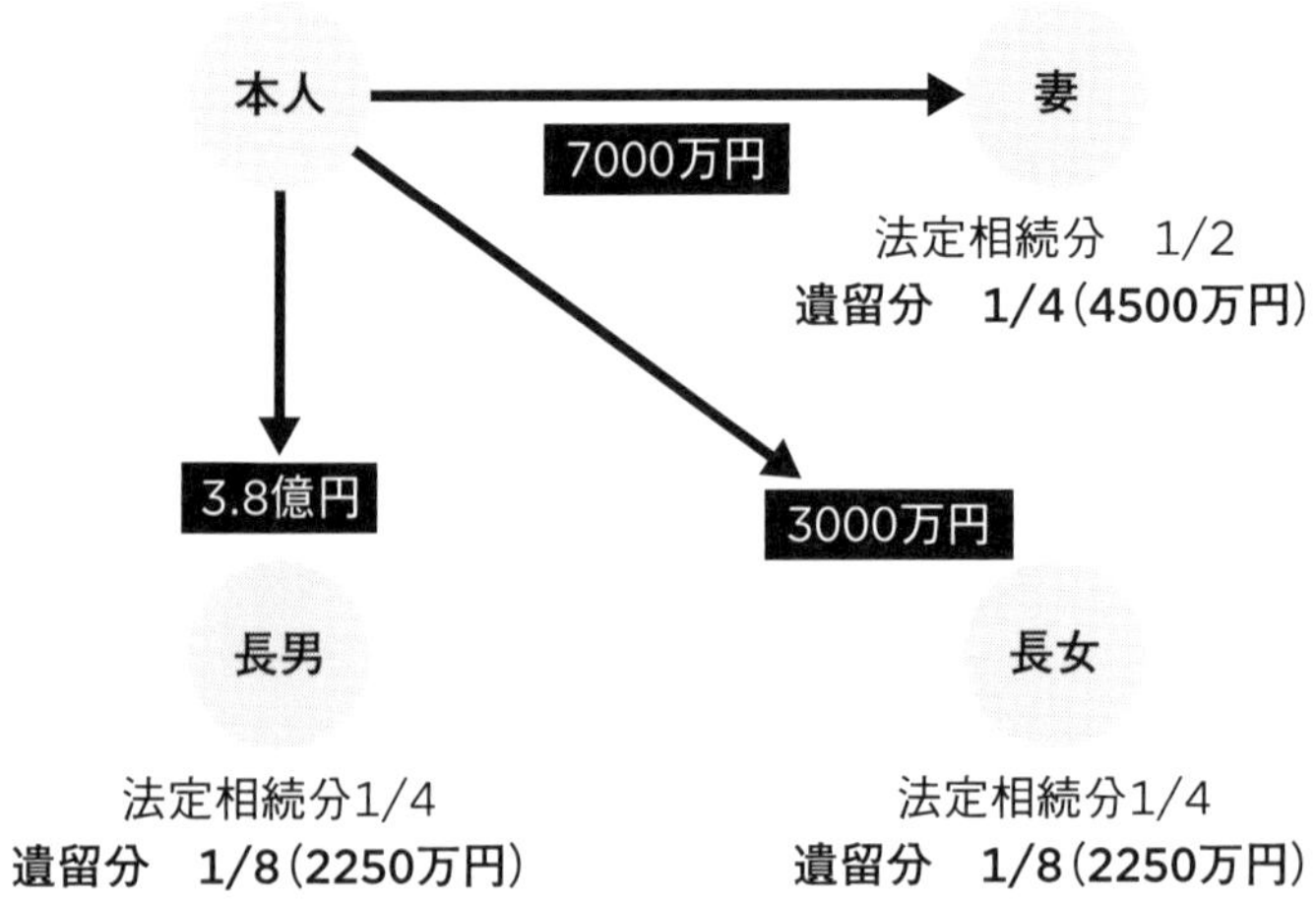

この圧縮によって、妻の遺留分は４５００万円、長女の遺留分は２２５０万円となります。そうなれば、元の案のとおりに、妻に自宅６０００万円＋金融資産１０００万円の計７０００万円を渡し、長女には金融資産３０００万円を渡せば、遺留分は問題となりません。

会長（父親）は、妻と長女に、自社株式については遺産分割の対象として考えないでほしいことを説明し、遺留分から除外することに納得してもらいました。

父親の元気なうちに相続について家族全員での話し合いをもつことで、争族の防止になるだけでなく、会社を継がない家族に、後継者を応援する気持ちが芽生えます。

新社長就任の披露会を開く

私はこのように、N社について、事業承継の相談から10年。創業者から内部昇格の２代目社長へ、そして創業者の長男である３代目への事業承継に伴走し支援しました。

長男が新社長に就くタイミングで、就任式を開催しました。新旧社長の交代を披露する場は、新社長からの就任挨拶ならびに所信表明だけでなく、取引先を集めての感謝の会、後継者への顔つなぎの場でもあります。

スムーズな社長交代は会社のイメージアップに働き、全社的な新たな意気込みと社員の団結力を各方面にアピールする点でも有効です。

創業者である会長（父親）にとっても区切りとなりました。経営者というものは、引退後は寂しいもので、ことあるごとに後継者の経営に口出しすることにもなりかねません。人は死して「名を残す」と言われます。そこで、創業者としての来歴をまとめた社史を作成し、長男の社長交代のタイミングで従業員や取引先へ贈呈しました。会長は、これでやっと本当の意味で引退できるとおっしゃっていました。

4 「後継者の人生」を親が閉ざしてはいけない

承継の意欲がある人・ない人の違い

中小企業の経営者が後継者として一番に考えるのは自分の子であり、子の承継意欲を高めることは重要です。しかし、親が「子に事業を承継させたい」とどれほど思っていても、子から「継ぐ気はない」と言われるなど経営者と子の思いは簡単には一致しません。

日本政策金融公庫総合研究所が行った「子どもの事業承継意欲に関する調査」（２０２１年）では、子を次の５つに区分（２つに大区分）して結果を発表しています。

〈大区分Ａ　承継意欲が高い子ども〉

①承継者（親の事業を承継した人）

②承継決定者（親の事業の承継が決まっている人）

③後継予備軍（親の事業を承継したい人）

〈大区分Ｂ　承継意欲が低い子ども〉

④未決定層（親の事業を承継するかどうかまだ判断できない人）

⑤ 無関心層（親の事業を承継するつもりがない人）

調査結果からは次の2つの特徴が見えました。

特徴① 「親の事業の理解度」が高いほど、子の承継意欲が高い

「親の事業の理解度」の点では、承継意欲が高い子ほど、親の事業の商品・サービスや業界動向、経営状況など事業の知識に詳しく、承継意欲の低い子は、親の事業の知識に乏しいことがわかりました。

一方で、「親の事業の業況」と承継意欲との関連では、承継意欲が高い子は、必ずしも親の事業の業況が「よい」から承継しているのではなく、悪くても承継していました。

つまり、子の承継意欲を高めるには、**「親の事業の商品や業界動向、経営状況などの事業の知識を伝えていくこと」**が重要なのです。

特徴② 親から「継いでほしい」と要請を受けた子ほど承継意欲が高い

「承継の要請」の点では、承継意欲が高い子ほど、親から「継いでほしい」と言われた割合が高く、承継意欲の低い子は承継の要請が少なかったことがわかりました。つまり、子の承継意欲を高めるには、**親が「継いでほしい」と要請する**こともカギになりそうです。

5つの区分で、「承継した理由」「承継してもよい理由」「判断できない理由」「承継したくない理由」をまとめると、左ページのようになります。

承継意欲が高い人・低い人

<table>
<tr><th>大区分</th><th>区分</th><th>親の事業の理解度</th><th>承継理由、承継したくない理由</th></tr>
<tr><td rowspan="3">A</td><td>承継者
（事業を承継した人）</td><td rowspan="3">商品・サービスや業界動向、経営状況など事業に詳しい。</td><td>承継した理由
「ほかに継ぐ人がいなかった」「廃業させたくなかった」など親の事業への愛着を感じさせる理由が多い。「経営している親に勧められた」の割合も多い。</td></tr>
<tr><td>承継決定者
（承継が決まっている人）</td><td rowspan="2">承継してもよい理由
「経営に興味があった」「事業内容にやりがいを感じた」など事業の魅力に関する理由や「自分は経営者に向いていると思った」など能力発揮に関する理由から承継を考えている。</td></tr>
<tr><td>承継予備軍
（承継したい人）</td></tr>
<tr><td rowspan="2">B</td><td>未決定層
（承継を判断できない人）</td><td>事業に関する知識は不足しているが、親の事業のやりがいについては聞いている。</td><td>判断できない理由
「事業経営について親と話をしないから」の割合がもっとも多く、次いで「必要な技術・ノウハウを身につけられるかわからないから」。</td></tr>
<tr><td>無関心層
（承継するつもりがない人）</td><td>親の事業に関する知識が乏しい。あまりやりがいを感じていない。</td><td>承継したくない理由
「事業経営に興味がないから」がもっとも多く、次いで「必要な技術・ノウハウを身につけていない」「経営者に向いていないと思う」。これら事業への無関心や能力不足という理由のほか、「事業の先行きが不安」のように事業経営のリスクから承継を考えていない。</td></tr>
</table>

「子どもの事業承継意欲に関する調査」（日本政策金融公庫総合研究所、2021年）より

調査結果からは、子が承継した理由は、「ほかに継ぐ人がいなかったから」「廃業させたくなかったから」など**親の事業への愛着**を感じさせる理由が多く、「親に勧められたから」の割合も高いことがわかりました。

承継が決まっている人や親の事業を承継したい人の「承継してもよい理由」は、「経営に興味があったから」「事業内容にやりがいを感じたから」「収入が増えると思ったから」など事業の魅力に関する理由や、「自分は経営者に向いていると思ったから」といった能力発揮に関する理由から承継を考えていることがわかりました。

一方で、事業承継の判断ができない人は、その理由として**「事業経営について親と話をしないから」**がもっとも割合が高く、次いで「必要な技術・ノウハウを身につけられるかわからないから」となっています。

親の事業を承継するつもりがない人の承継したくない理由では、「事業経営に興味がないから」がもっとも高く、次いで「必要な技術・ノウハウを身につけていないから」「自分は経営者に向いていないと思うから」「必要な免許・資格を取得していないから」となっています。こうした事業への無関心や能力不足といった理由のほか、「事業の先行きが不安だから」「事業経営のリスクを負いたくないから」のように事業経営のリスクから承継を考えていないことがわかります。

子に会社の情報を伝える

調査結果を分析して得られたのは、次のとおり当たり前の結論です。

・承継に前向きな子……親の事業に興味ややりがいを感じている
・承継に後ろ向きな子……親の事業に興味がない（わかっていない）

そして、興味ややりがいを感じているかいないかの分かれ道は、「親と子の間で事業についての会話があるかないか」ということになります。

すなわち、後継者不在（後継者候補もいない）の会社の特徴は、「後継者になりたいと言われるのを待っている」「継ぐ意欲がある人が出てくるのを待っている」という**経営者の受け身の姿勢**にその本質があるのです。

会社の業況や見通しが厳しく、子に同じ苦労をさせたくないと思っている場合は、「子には継がせたくない」「自分の代で廃業しよう」ということから、親から子へ事業の話をしない気持ちはわかります。

しかし、子にとって「後継者になるかならないか」の選択は人生における重要な決断です。「情報」がなければ選択肢は広がりません。よい情報ばかりではなく、経営者としての責任やプレッシャー、事業の業況や見通しも含めて伝えなければなりません。

情報を与えたうえで、やはり子が継ぎたくないのであれば、ほかから後継者を探せばよいでしょう。情報を与えずに、経営者が**「子から後継者になりたいと言われるのを待っている」「継ぐ意欲がある人が出てくるのを待っている」という受け身では、子は承継に向けての選択すらできないのです。**

事業に関するオープンなコミュニケーションこそが、子の意向や可能性を尊重し彼らの幸福と成長を最優先に考えることになるのではないでしょうか。

子に対する要求のハードルが高い

後継者不在の会社に見られる特徴は、「求人活動で成果が出ない会社」と同じに見えます。求める人物像のハードルを上げすぎていて、誰も応募してこないパターンです。求める人物像は大事ですが、あまりに厳しく要件を求めすぎると出会い（面接）すら発生しません。

採用してからの教育も大事であって、完璧な資質やスキルを求める採用活動は空振りに終わります。後継者探しも同様です。経営者に子がいながら後継者候補にすら上がっていない場合は、以下のような後継者募集要項になっているのではないでしょうか。

・**子に承継する意欲があるかどうかの要求水準**――子が他の仕事に興味や目標をもってい

ることから、承継する意欲がないと判断する。

・子に経営者としての適性があるかどうか——経営者の期待する後継者のスキルや性格が、実際の子の適性と一致していないと判断する。

このように、子と事業に関してオープンなコミュニケーションを交わしていないにもかかわらず、親の勝手な判断で決めつけてはいないでしょうか。子の承継する意欲や事業に対する思いなどは、コミュニケーションをとおしてわかるものです。

オープンな対話を通じて子の意向や懸念を理解できれば、子の選択に向けてサポートすることもできます。また、子の強みや興味についても再確認したうえでそれを尊重し、後継者としてどのように活かすか、どの分野で成長したいと考えているかを知ることにもつながります。

後継者として必要なリーダーシップ、経営知識、コミュニケーション能力などを磨くためのトレーニングは、「後継者候補」に挙がってからの話であり、これを後継者探しの段階で求めては、いつまでたっても自分の基準にかなう後継者は出てこないでしょう。

第3章

廃業するか、売却するかを迫られるとき

1 なぜ事業承継が進まないのか

60代社長の半数に後継者がいない

ここで事業承継に関するデータを見てみましょう。

「令和4年中小企業実態基本調査」（中小企業庁）によれば、中小企業の社長（個人事業主を含む）の年齢別構成比は「70歳代」（27・0％）がもっとも多く、次いで「60歳代」（26・4％）、「50歳代」（22・7％）の順で、半数以上が60歳以上となっています。

そして、社長の年齢別に後継者決定状況を見ると（左ページ上段参照。「全国企業『後継者不在率』動向調査」帝国データバンク、2021年）、

・社長が60代でも半数近くが後継者不在

・社長が70代でもまだ4割近くが後継者不在

と経営者年齢が高い後継者不在企業が一定程度存在しています。

また別の統計『中小企業白書2020年版』（左ページ下段参照）によると、60歳以上の社長の事業承継の意向は、

社長の年齢別の後継者決定状況

社長の年齢	後継者不在
40代	83.2%
50代	70.2%
60代	47.4%
70代	37.0%
80代以上	29.4%

「全国企業『後継者不在率』動向調査」（帝国データバンク、2021年）より

60歳以上の経営者の後継者決定状況

意　向	割　合
今はまだ事業承継について考えていない	24.5%
現在の事業を継続するつもりはない	35.5%
親族内承継を考えている	30.0%
その他の事業承継を考えている	10.0%

『中小企業白書2020年版』（中小企業庁）より

・「今はまだ事業承継について考えていない」が２割超
・「現在の事業を継続するつもりはない」が３割超

で、60歳以上の社長の６割が「まだ事業承継を考えていない、もしくは廃業を検討している」ことがわかります。

日本の中小企業で事業承継対策が進まない理由は、「後継者がいない」ことよりも、根本原因としては**「まだまだ先のことだからもう少し様子を見て」「自分がやれるだけやろう」**という経営者の発言に集約されているようです。ここまでに述べてきたように、事業承継対策の必要性については頭で理解できているものの、「いつかやろう、そのうちやろう」という問題意識で、結局意欲的に取り組んでいないのです。

「中小企業の財務・経営及び事業承継に関するアンケート」（東京商工リサーチ）によると、経営者が、事業承継に対する課題として挙げているのは、「事業の将来性」がもっとも多く、半数以上の企業で課題となっています。おもな課題と、その割合は以下のとおりです。

・事業の将来性（52・６％）
・後継者の経営力育成（44・０％）
・後継者を補佐する人材の確保（36・４％）

・従業員との関係維持（32・０％）
・近年の業績（30・７％）
・取引先との関係維持（27・０％）
・後継者を探すこと（20・８％）

現在は、とくに新型コロナ禍からの会社の立て直し（業績改善）が最優先課題となっており、結果として事業承継対策の優先順位が下がっている（後回しになっている）ように思えます。

では、後継者を選定する際の優先順位はどうでしょうか（88ページ上段参照。「中小企業の財務・経営及び事業承継に関するアンケート」東京商工リサーチ）。

1位は「親族」（61・1％）であり、次いで「役員、従業員」（25・0％）、そして「事業譲渡や売却」「取引先・親会社からの派遣」「外部招聘」の順に検討しています。

一方で、実際の事業承継の状況を見ると、近年同族承継の割合が減少しており、親族以外への承継にシフトしてきていることがわかります（88ページ下段参照。「全国企業『後継者不在率』動向調査」帝国データバンク、２０２１年）。

つまり、後継者は親族（子）から選びたいのだが、希望どおりに親族への承継がかなわないというケースが増えてきているのです。

▶ 後継者の優先順位

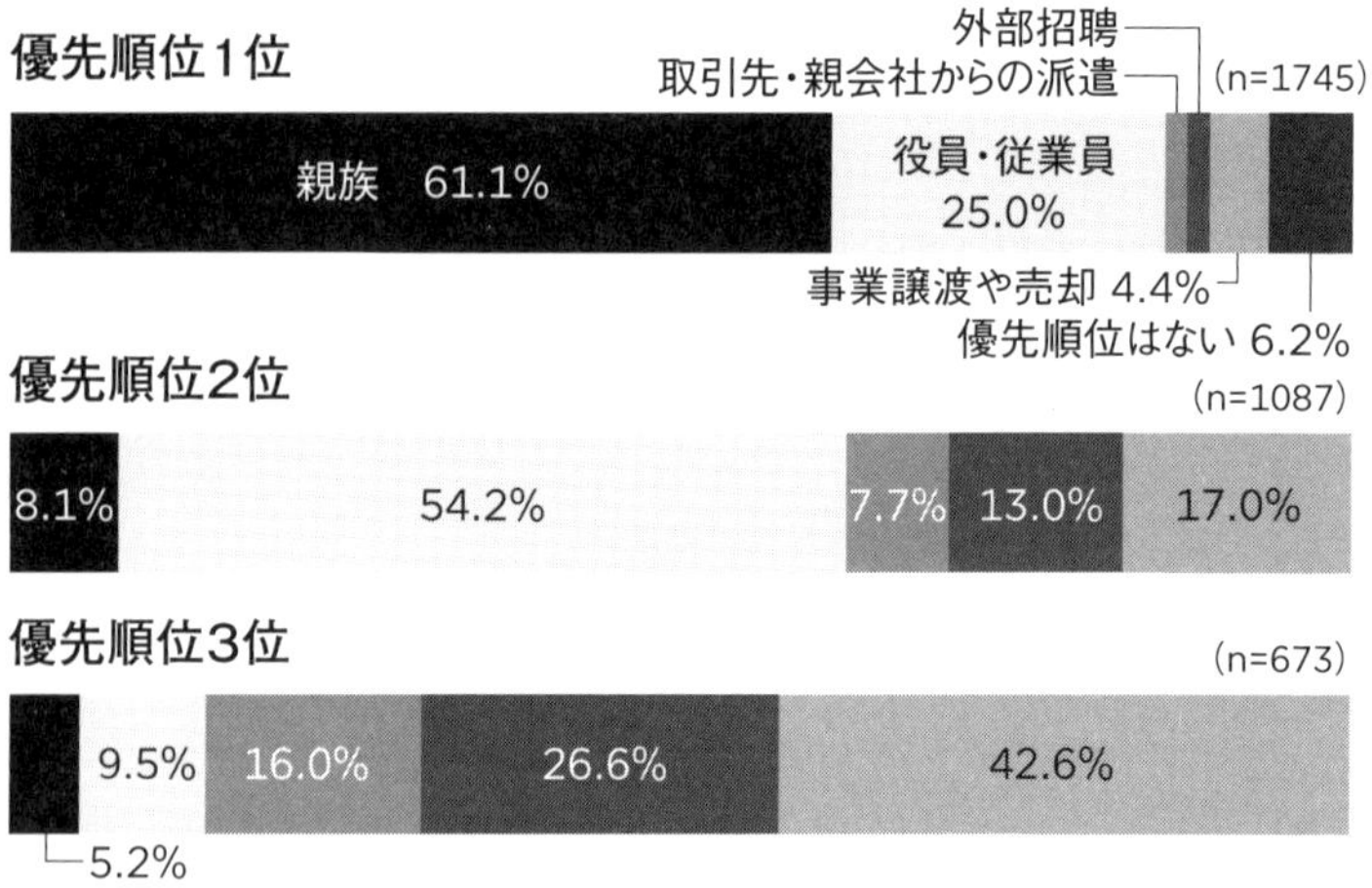

「中小企業の財務・経営及び事業承継に関するアンケート」(東京商工リサーチ)より

▶ 誰が事業を承継したか

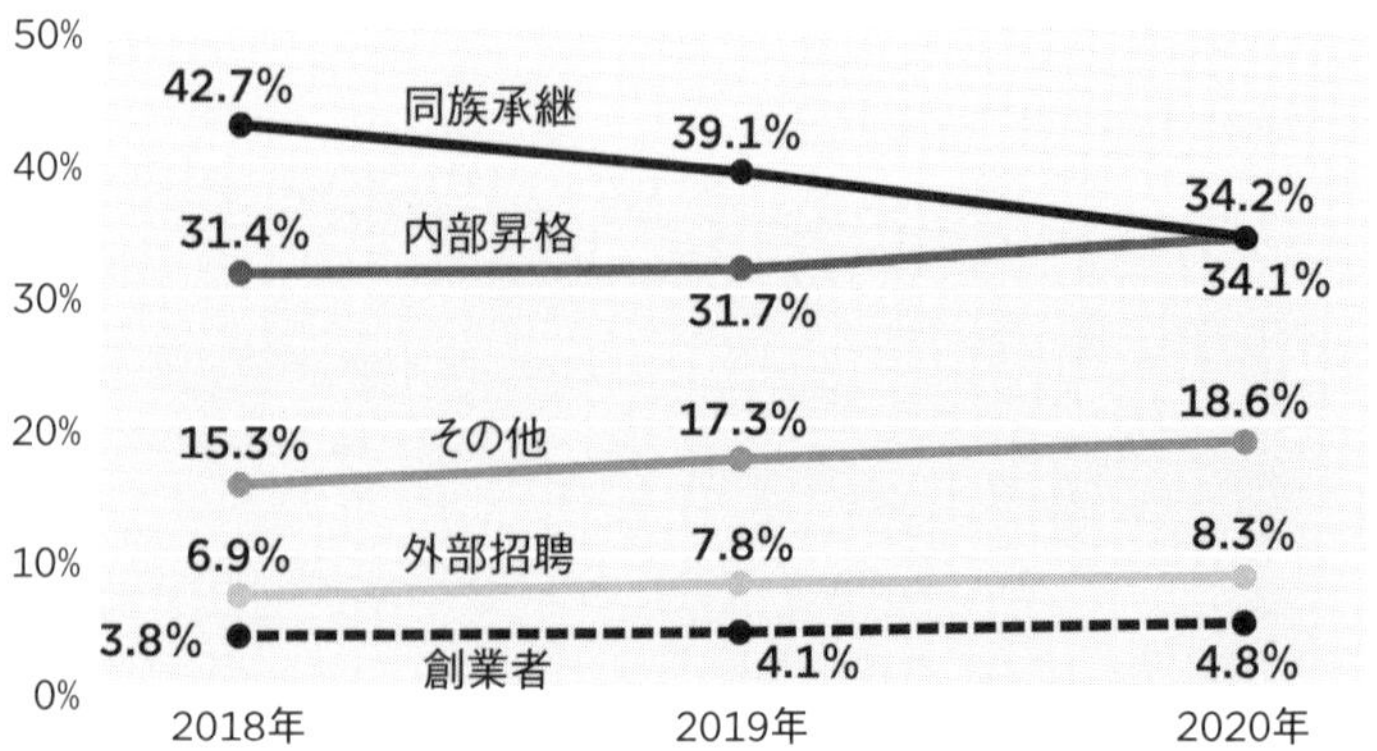

「全国企業『後継者不在率』動向調査」(帝国データバンク、2020年)より

2 「承継対策の遅れ」が会社を危うくする

社長が事業承継に本気で取り組むキッカケ

事業承継を支援してほしいという依頼は、ある日突然やってきます。

私のもとに経営者が事業承継の相談に訪れるきっかけで一番多いのが、「重篤な病気が発覚して入院することになったり、自分の健康に不安を感じたりしたとき」です。

逆に言えば、健康に不安を感じるまでは、事業承継対策に本気にならないことが多いのです。そういう経営者に、なぜ今に至るまで取り組んでこなかったのか、話を伺うと、こんな答えが返ってきます。

「自分はまだまだ元気だと思っていた」

「いずれ誰かふさわしい者が現れて、社長を継いでいくのだろうと思っていた」

「自分が苦労してやってきた会社は私の人生のすべて。渡すのは忍びない。やれるだけやる」

「自分の収入がなくなるから」

「自分の代で終えたらいいと思っていた」

いずれも、楽観的な見通しや漠然とした考えです。

あらためて後継者不足の原因は何なのかを検証してみると、その大きな原因として一般に言われているのが次の項目です。

・少子化により、そもそも後継者候補が少なくなっている

・職業選択の多様化（親の会社を当たり前のように引き継ぐ時代ではなくなってきた）

果たしてこれらを原因としてよいのでしょうか。そもそも社会構造の変化を原因とすると、自分の力だけでは対策の打ちようがありません。私は後継者不在の真の原因は、**「事業承継の準備不足」「事業承継に取り組むのが遅い」**にあると考えています。

会社は社会の公器です。後継者不足や業績不振を理由に「自分の代で終えよう」と考える経営者も増えてきましたが、廃業は、そこで働く従業員の雇用、その従業員の家族の生活、取引先にとっても大変悩ましい問題となります。

先にも述べましたが、**経営者の評価は、事業がうまくいき、事業承継もうまくいってようやく合格点**です。だからこそできるだけ早い段階から、計画的に事業承継に取り組まなければなりません。準備を始めるのに早すぎることはありません。「早めの準備」に勝る取組みはありません。

3 廃業にかかる手間とコスト

3割が「後継者不在」で廃業する

帝国データバンクの「全国企業『休廃業・解散』動向調査」によれば、2021年に、全国で休業・廃業、解散を行った企業（個人事業主を含む）は、5万4709件で、全体の3・76％の企業が休廃業などの形で市場から退出しています。

そして休廃業・解散した企業のうち56・2％が当期純利益で黒字であり、このうち黒字かつ資産超過の状態で休廃業・解散した企業は全体の16・0％となっています。財務内容やキャッシュなどある程度の経営余力のあるうちに、自主的に会社を休廃業、あるいは解散しようとする「あきらめ休廃業」がコロナ禍を境に高まっています。

資産超過や黒字であっても廃業を予定している企業が多いわけですが、その背景として「後継者が見つからない」ことを理由に廃業を選択せざるを得ない企業も少なくありません。日本政策金融公庫総合研究所による「中小企業の事業承継に関するインターネット調査（2019年調査）」の中小企業の事業承継の見通しをみると、次のとおりです。

・後継者が決まっており後継者本人も承諾している「決定企業」は12・5％
・後継者が決まっていない「未定企業」は22・0％
・「廃業予定企業」は52・6％
・「時期尚早企業」は12・9％

「廃業予定企業」の廃業理由については、「そもそも誰かに継いでもらいたいと思っていない」が43・2％、「子がいない」「子に継ぐ意思がない」「適当な後継者が見つからない」を合わせた後継者不在による廃業が29・0％となっており、廃業予定企業の約3割が「後継者難」を理由としています。

廃業には手間とコストがかかる

後継者が見つからないことを理由に自分の代で事業をやめようとする廃業予定企業は多くありますが、廃業は思いのほか手続きが面倒でコストがかかることにも注意が必要です。実際に廃業を予定している経営者が廃業コストで悩んでしまうことも少なくないでしょう。

左ページの表のとおり廃業するにも手続き面に手間がかかるとともに、廃業コストは産業、会社の規模などによって異なりますが一般的に以下のようなコストが考えられます。

一般的な廃業手続きの流れ

①関係者に事業終了を説明	従業員に廃業の計画を通知し、解雇や退職に関する手続きを開始。顧客や取引先に廃業のお知らせを行う。既存の取引を適切に処理し、引き継ぐ方法を検討。
②各種契約の解約	リース契約や供給契約など、既存の契約を解消する手続きを行う。
③解散決議	株主総会もしくは臨時株主総会で、原則、特別決議にて会社の解散を可決（これにより会社は清算株式会社となる）。
④清算人登記の実施	解散決議から2週間以内に、解散と清算人の登記を行う。
⑤社会保険・税金関係の廃止届提出	□税務署：異動届出書、事業廃止届出書、給与支払事務所等の開設・移転・廃止届出書などを提出。 □都道府県税事務所：解散に関する届出書を提出。 □日本年金機構：事業を廃止した日から5日以内に、健康保険・厚生年金保険適用事業所全喪届を提出。 □ハローワーク：事業を廃止した日または退職日の翌日から10日以内に、雇用保険適用事業所廃止届、雇用保険被保険者資格喪失届、雇用保険被保険者離職証明書を提出。 □労働基準監督署：事業を廃止した日から50日以内に、確定保険料申告書と労働保険料還付請求書を提出。
⑥公告・個別催告	解散後遅滞なく、官報で解散の事実と債権申出に関する事項を公告。 また、会社が認識している債権者に対しては債権申出に関する事項を個別に催告を行う。
⑦財産の調査、財産目録等の作成・承認	清算人は就任後遅滞なく、会社財産の現況を調査して解散日における財産目録と貸借対照表を作成し、株主総会に提出し承認を受ける。
⑧解散・清算事業年度の確定申告	会社が解散をした場合には、その事業年度開始の日から解散の日までを1つの事業年度（解散事業年度）とみなし、確定申告を行う。
⑨資産の現金化、債務弁済、残余財産の分配	会社に残っている資産を売却して現金化し、申出のなされたすべての債務を弁済。 それでもなお残る財産（残余財産）がある場合、清算人の決定に基づき株主に分配。
⑩残余財産確定事業年度の確定申告	残余財産の確定の日の翌日から、1カ月以内（その期間内に残余財産の最終分配が行われる場合には行われる日の前日まで）に、確定申告を行う。
⑪決算報告書の作成・承認	清算事務が完了した後は、遅滞なく決算報告の作成を行う。 また、この決算報告は株主総会に提出し、承認を受ける。
⑫清算結了登記	清算株式会社の清算が結了したときは、清算結了の登記をし、清算手続きは終了。

・廃業（清算手続き）に向けて、アドバイザー等に支払うコストや手続きコスト（コンサルティング料金、登記・法手続きに関する費用など）
・財務報告書や税務申告書の準備および提出関連コスト
・契約解消のコスト（リース契約や供給契約の解消に関連するペナルティや料金など）
・人件費関連のコスト（従業員への解雇手当や退職金、従業員の再配置や転職支援コスト）
・資産・物品の処分コスト（在庫品や設備の処分、現状回復や解体に関連するコスト）

これら以外にも廃業に伴う特別な費用や予期せぬコストがかかる場合があります。たとえば工場閉鎖に伴う「土壌改良」です。近年では、土地売買の取引成立後に土壌汚染が発覚し、訴訟に発展するトラブルも発生しています。そのため、土地の売り手側（清算企業）が取引の前に念入りに土壌汚染の調査を行うケースが増えています。

4 会社を売却した経営者の後悔

売却の目的は「従業員の雇用維持」

事業承継では、他社の傘下での継続、あるいは売却、事業譲渡といったM&Aも選択肢となります。とくに親族や社員に後継者がいない場合は、「廃業するか」「売却するか」の二者択一を迫られます。

「売却」にメリットがあると考えた場合は、会社売却を前向きに検討することになりますが、大多数の中小企業では「売却意向がない」のが実情です。その要因は「どうせ買い手が見つからない（自社はM&Aの対象にはならない）」「仲介手数料が高い」と考えていることもありますが、最大の要因として**「経営者としての責任感や後ろめたさ」**といった心理的な側面が大きく影響しています。

現状は売却意向のない中小企業が大多数を占めますが、売却意向のある会社（規模が小さい企業ほど売却意向の割合が高い）の一番の目的は、「社員の雇用の維持」です。とくに経営者の年齢が高い企業で、その割合が高い傾向にあります。

社員はこれまで会社を支え続けてきた存在なので、多くの経営者は「社員の雇用を守りたい」と考えることは自然なことです。そのようなときに理解を示してくれる買い手が見つかれば、社員の雇用を守ったまま経営者は引退できます。

もちろん、「事業や株式売却による利益確保」を目的とした売却もありますが、その割合は経営者年齢が若い企業で高い傾向にあります。

売却意向のある会社は、「従業員の雇用の維持」を目的に売却を模索する会社が多いわけですが、実際に売却後に従業員の雇用が維持されるかが気になるところです。この点、買い手のおもな目的は「人材や技術・ノウハウの獲得」ですから、多くの場合、M&A実施後も売り手企業の従業員の雇用が継続されます。

東京商工リサーチの「中小企業のM&Aに関するアンケート調査」で、M&A実施後の譲渡企業の従業員の雇用継続の状況を見ると、8割以上の企業で全従業員の雇用を継続しています。一方で、**2割弱の企業では全従業員の雇用を継続できていません**。M&Aでは、狙った成果が出ないときに売却元の会社が行っていた事業を縮小・廃止することもあり、それによって従業員が解雇されたり退職勧奨などの措置が行われたりします。

その場合、従業員は再就職先を探す必要があるため、不安定な状況に置かれます。事業の縮小・廃止は、従業員の雇用だけでなく取引先や地域社会などにも影響を与えます。そうなれば、前経営者は「こんなことなら売却しなければよかった」と後悔を感じることでしょう。

「売らなければよかった」と思うとき

売却意向のある経営者は、売却後も８割以上の企業で従業員の雇用が維持されているという調査結果を見ると安心するかもしれませんが、たとえ売却が成功し事業が無事成長していても、かつて共に働いてくれていた従業員のモチベーションが低下するケースはよく見られます。

Ｍ＆Ａによって経営方針や戦略が変わり、新しい方針に合わせて業務のあり方や仕事内容が変わり組織再編が行われる場合もあります。また売却前にあった心地よい企業文化や社風も、会社売却によって失われることがあります。

さらに買収先の社員との間の摩擦でストレスを感じ、働きがいを見いだせなくなることもあります。このようなことも前経営者の後悔につながります。

売却による経営者の後悔は前述のほかにも、思っていたよりも売却時の評価額が低かった場合や会社売却に伴う諸費用、手数料、税金などの負担が大きく、期待したほど資金が残らなかった場合なども挙げられます。

後継者がいないときの事業継続の手法としてはM&Aは選択肢の一つですが、予期せぬことが発生し経営者が後悔することがあります。それに加えて経営者自身が会社を手放したことによる「埋めがたい喪失感」に襲われることもあります。

事業継続の手法としてのM&Aを否定するわけではありませんが、やはりできるだけ早い段階から親族や社内昇格による後継者候補を見つける努力を始め、親族内・従業員承継の道を模索していきたいものです。

第4章

早めの事業承継が会社を伸ばす

1 経営者が高齢化すると経営が停滞する

高齢経営者の5つのリスク

経営者が高齢化すると経営が停滞するリスクが高まります。以下にいくつかのマイナス要因を挙げてみましょう。

①意思決定が遅れて迅速な対応ができない

経営者が高齢化すると意思決定が遅れる傾向がありますが、より大きな問題は健康面や認知能力の低下のリスクが高まることです。その結果、迅速な対応が求められる状況で経営の停滞が生じる可能性があります。

②得意先との関係が途切れがちになり業績が低下

経営者が高齢化すると得意先社長も同様に高齢化します。得意先が若い後継者に承継した場合には、これまでの受発注も途切れがちになり業績が低下しがちです。近年、同業組合や協会などでも、経営者仲間の高齢化による脱会によって組織率が下がっています。

③市場の変化に対応できず、競争力が低下する

経営者が高齢化すると、新しいトレンドやテクノロジーの変化に鈍感になることがあります。新しいアイデアや戦略を導入せずに過去の方法に固執する可能性もあります。若い経営者や新興企業が市場に進出し競争が激化するなかでは、新たなビジネスチャンスや市場の変化に対応できず競争力が低下し、また後継者の挑戦心を奪い取り（「昔やったけどダメだったらから、やらないほうがいい」など）、後継者の成長を阻害しがちです。

④過度なリスク回避によって新たな事業展開に消極的になる

経営者が高齢化すると、より安定志向（借金返済が経営目標など）になりがちで、新たな事業展開や投資にも消極的になる傾向があります。しかし、ビジネス環境はつねに変化しており、リスクをとらないことが逆に危機を招くことがあります。

⑤組織が活性化せず若手人材の流出につながる

これまで述べた①～④は、組織の活性度やモチベーションを低下させるため、若い有望な人材が成長の機会を求めて退職し、競合他社に流出します。

「後継者不在・高齢社長」を周囲はどう見るか

後継者不在で、かつ社長が高齢化している会社が増え続けていますが、そのような会社が社員・取引先・金融機関からどのように見られているのか、経営者自身は気づいていいないことが多いようです。

後継者不在の状態を放っておくと、長期的には社員や顧客からの不安や不信感が高まり、会社の競争力が低下する可能性もあります。

後継者不在の高齢経営者の会社は、関係者からどう見られているのでしょうか。

①従業員はこう見ている

後継者不在で社長が高齢化している会社は、中長期的な事業展望や経営戦略の立案が困難となり、会社は停滞したままで将来が不透明感に包まれます。働いている従業員は若く意欲のある人ほど、「今後の雇用や自分のキャリアはどうなるのか」と不安や不満を覚えることになります。

そうなれば、転職ができる年齢のうちに他社に転職するでしょうし、また若い人材を新しく採用できたとしても、時間が経てば会社の将来が不透明であることに気づいて転職しようとします。

②取引先はこう見ている

後継者不在で社長が高齢化している会社が下請けの部品メーカーとしてサプライチェーンの一端を担っている場合、社長が急逝したときに部品供給を続けられなければ、サプライチェーンが途絶え生産ラインが止まってしまいます。「後継者不在」という状態は、取引先企業にとって非常に大きなリスクなのです。

長年取引をしている大口取引先からも後継者問題に対する懸念（今後の経営体制への不透明感）や不安をもたれ、信頼を失うこと（取引からの離脱）につながりかねません。

そのため会社は、事業継続性やリスク管理の対策をしっかり整えることを求められます。実際に「ＢＣＰ（Business Continuity Plan）」を求められることもあります。ＢＣＰとは、企業や組織が災害や緊急事態などが発生した際に、事業を継続し最小限の被害ですませるための事業継続計画です。

事業継続性を確保するためにも、企業がリスクを予測しそれを回避・軽減するための取組みを実践していなければ、取引先に選ばれない時代になってきたのです。

後継者不在はリスクそのもので、事業承継に向けて具体的な対策が求められるのは当然です。最近では下請け構造のトップ、代理店網の大元、ＦＣ本部などが「事業承継計画書」の提示を要求するケースも増えつつあります。

③金融機関はこう見ている

後継者不在で社長が高齢化している会社は、経営者の健康状態や突然の引退などのリスクへの対応が脆弱であると見られます。また、中長期的な事業展望や経営戦略の不備は会社の将来に不透明感を与えます。そのため金融機関からの融資には、より厳しい審査や要件が課せられることがあります。具体的には以下の点です。

・経営安定性……経営者が突然亡くなった場合、後継者不在で経営継続が困難になると考えられます。

・将来の業績……後継者不在の会社は将来の業績が不安定であるとみなされる場合があります。

・リスク管理体制……将来の経営者不在のリスクがあることからリスク管理体制が不十分であるとみなされます。銀行は顧客のリスク管理体制を重視します。後継者不在の会社は、たとえ現状の業績がよくても格付けで低い評価を受けることになり、借入れのハードルが上がります。

高齢化した社長の会社で後継者不在という状態は経営の大きなリスクです。社長が高齢化する前に後継者対策に早めに取り組んで会社の信用を高めなければなりません。

2 後継者が業況を好転させている

30代と60代経営者はどこが違うのか

東京商工会議所が行った「事業承継の実態に関するアンケート調査（２０１８年）」によれば、30代で事業を引き継いだ経営者は事業承継後に前向きな取組みを行って、業況を好転させている割合が高いとされています（１０６ページ上段参照）。

この調査からは、後継者が30代のうちに事業承継を検討すべき、と言えそうです。

また別の統計（『中小企業白書２０２１年版』中小企業庁）に、経営者年齢別に増収企業の割合を調べたものがあります。これを見ると、経営者年齢が30代の企業では増収割合が約６割で、経営者の年齢が若いほど増収企業の割合が高くなっています（１０６ページ下段参照）。

これらによって、売上高、利益ともに経営者年齢と負の相関があると考えられます。

その背景としては、若いほどトライアンドエラーを許容する組織風土があり、新事業分野への進出や設備投資にも積極的であることが考えられます。東京商工会議所による「事業

▶ 事業承継の年齢と業績の関係

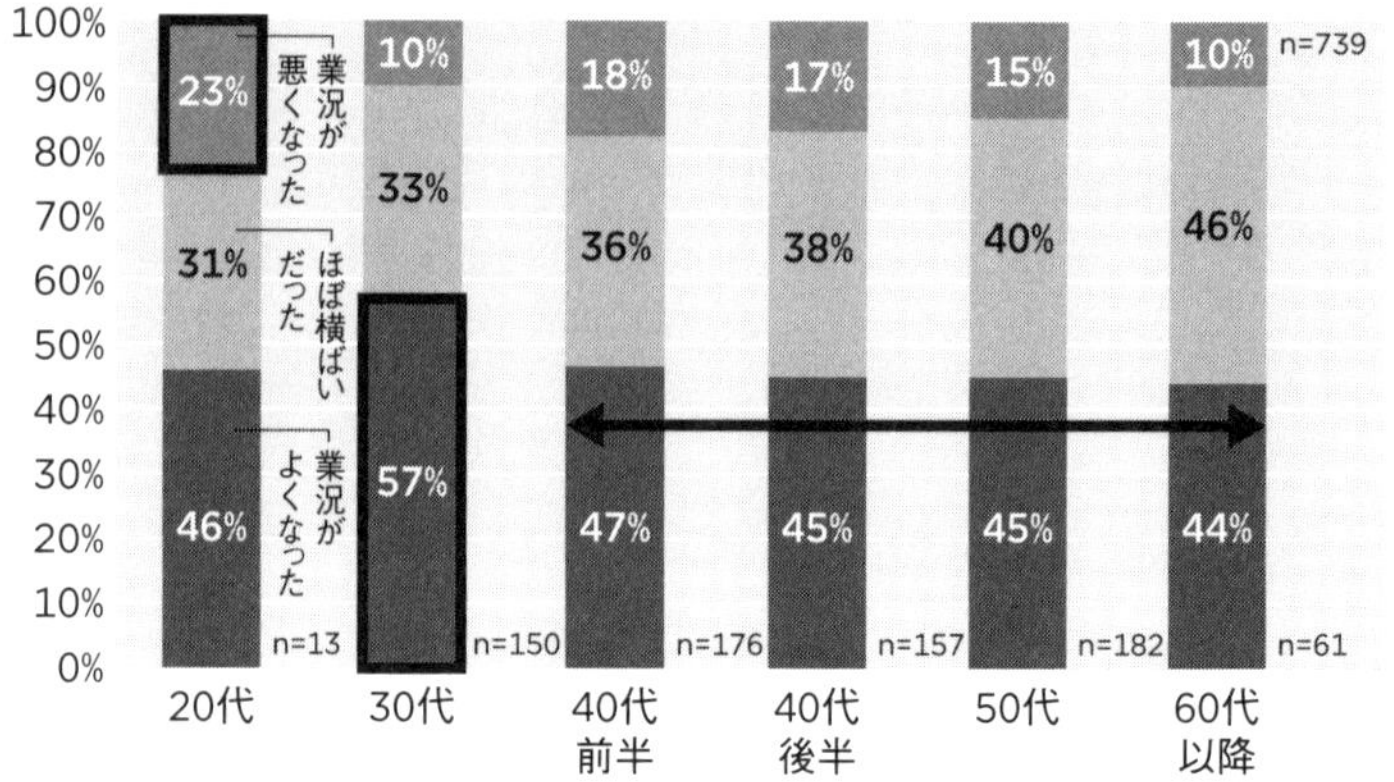

「事業承継の実態に関するアンケート調査」（東京商工会議所、2018年）より

▶ 経営者の年齢と増収企業の割合

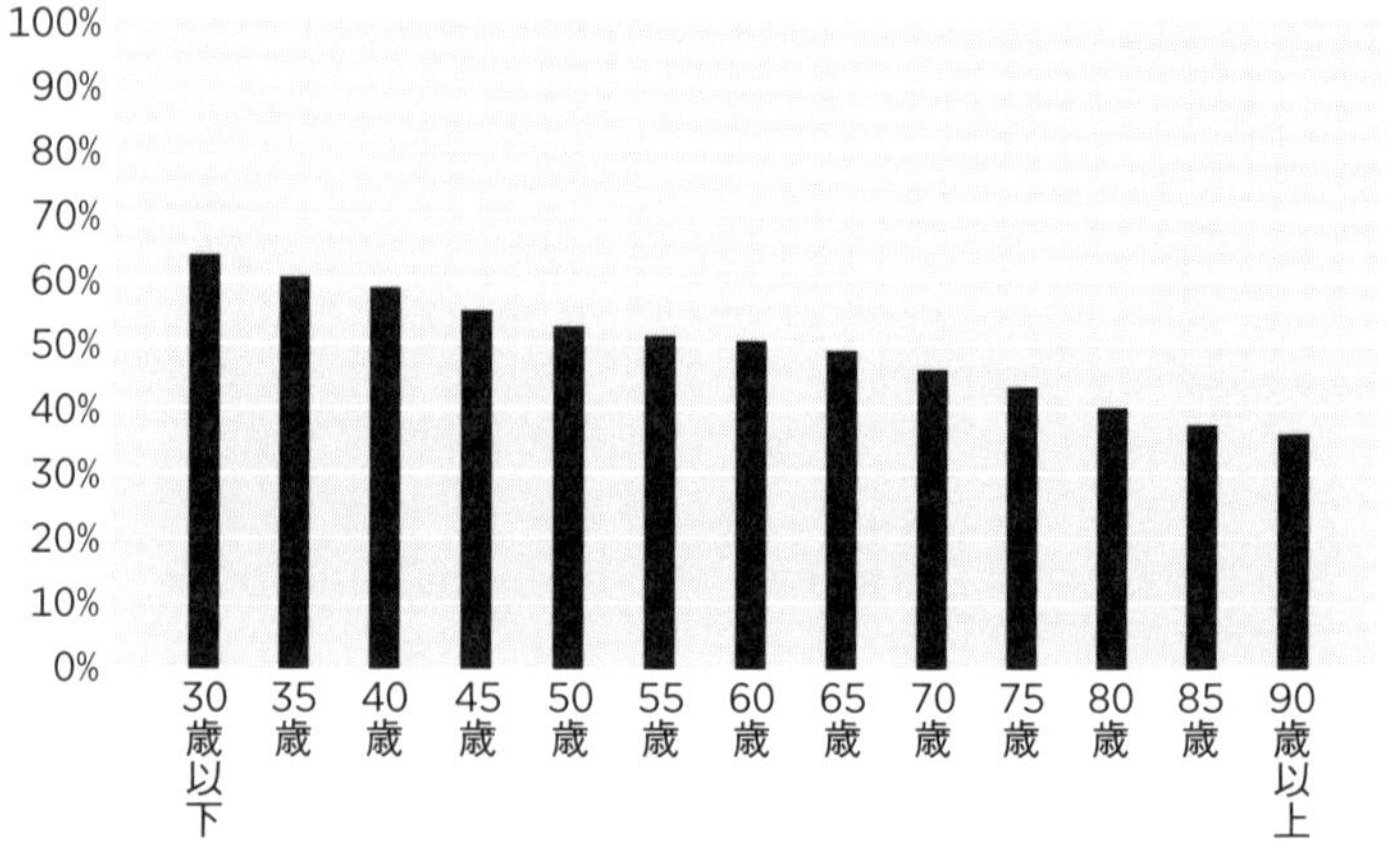

2019年12月時点で判明している直近2期の売上高を比較して「増収企業」を分類・集計。
『中小企業白書2021年版』（中小企業庁）より

30代と60代以降の経営者における取組みの違い

		30代経営者	60代以降経営者
業績拡大に向けた取組み	新たな販路開拓・取引先拡大	**43%**	32%
	新商品・新サービスの開発	**34%**	19%
	異業種への参入	6%	3%
経営管理強化に向けた取組み	中期計画等、事業計画の策定	**30%**	19%
	管理会計の導入等、経営の見える化	19%	15%
	ビジョン、ミッション、経営理念等の明確化	**38%**	17%

「事業承継の実態に関するアンケート調査」（東京商工会議所、2018年）より

承継の実態に関するアンケート調査（2018年）」においても、30代～40代で事業を承継した経営者は、事業承継のタイミングをちょうどよい時期であると評価しています。

30代の経営者が前向きな取組みを行っているという調査結果があります。取組み内容は次の6つです。結果は上の表のとおりです。

業績拡大に向けた取組み

①新たな販路開拓・取引先拡大

②新商品・新サービスの開発

③異業種への参入

経営管理強化に向けた取組み

④中期計画等、事業計画の策定

⑤管理会計の導入等、経営の見える化

⑥ビジョン、ミッション、経営理念等の明確化

すべての項目で、30代経営者の前向きな取組み姿勢が目立ちます。

とくに、新たな販路開拓や新商品開発など業績拡大に向けた前向きな取組みや中期計画の策定、経営理念の明確化などの経営管理強化に向けた取組みでは、60代以降の経営者に大きく差をつけています。

事業承継は会社を成長させるチャンス

ここまでの調査分析から、経営者の若返りは事業に好影響を与えることがわかりました。

経営者や後継者は事業承継が単なる経営者交代の機会ではなく、**企業のさらなる成長・発展の機会である**ことを認識したうえで、事業承継に向けた準備や承継後の経営に臨むことが重要です。事業承継の真の目的は、「事業承継を契機に経営革新を果たすこと」なのです。

経営学の権威であり、経営理論の先駆者の一人であるピーター・ドラッカーは「事業承継は偉大なる経営者と呼ばれるための最後のテストである」と述べています。

創業者や現社長が事業を発展させて安定した利益をあげる企業を築いたことは、大いなる功績には違いないですが、その功績がどれほど偉大であっても「経営者としては50点」にすぎないとも言われます。

では残りの50点は何でしょうか。それは**「最適な後継者を選び、育て、交代することで、未来に向けて存続・発展できる企業をつくること」**です。

社長は、お客様、取引先のためにも、そして従業員とその家族のためにも会社を存続させ、さらに発展させなければなりません。ドラッカーが「最後のテスト」と言った所以《ゆえん》も、事業承継が未来に向けて存続・発展できる企業をつくる重要なファクターとなるからです。

創業者の代に成功させた事業を、さらに継続成長させるためには、経営者が世代交代し、新たなリーダーシップを導入する（後継者が経営を引き継ぐ）ことが不可欠です。新たなリーダーシップが導入されることで、新しいアイデアやイノベーションが生まれ、企業の競争力や成長が促進されるからです。

経営者の責任とは、「会社を存続させる責任」であり、そこには「事業承継を成功させる責任」も含まれます。社長交代はすべての経営者が一度だけ通る関門です。失敗は許されません。事業承継に向けて後継者を見つけ、育てる具体的な承継計画をスタートさせるのは社長にしかできません。

第5章

「承継したい会社」に磨き上げる

1 承継前にやっておくべきこと

「健全性評価」と「磨き上げ」

事業承継は重要な経営課題です。しかし、どんな会社でも承継すべきということではありません。

たとえば、以下の点に複数該当するような会社はどうでしょうか？

・赤字が継続し、資金繰りにも苦労している。
・赤字をなんとか回避しようと、役員報酬は低く、従業員の昇給も賞与支給もできていないどころか、減給（残業手当や各種手当のカット）になっている。
・人員削減やその他の固定費をギリギリまで削減しても、なお累積赤字や資金繰り問題が解消するほどの利益が出ない。
・資金不足を定期預金や保険の解約や銀行借入れによって補填、さらには社長個人の資産を会社につぎ込んで穴埋めを繰り返している。
・従業員数が減り、一人ひとりが忙しく経営者も従業員も疲れ切っている。

・既存事業の見通しが厳しく、今後さらに受注競争（価格競争）が激化する見通し。
・今後継続していくにも、老朽化した設備の修理代や建物の改修費用が必要となる。
会社は継続が大事といっても、このような状態の会社を無理に承継させると、後継者を不幸にします。

「そんなことはわかっている」と思われるでしょうが、たとえば地元の名士と言われるような経営者はその責任やメンツから、承継すべきでないという事実を正視できないこともあります。承継すべき会社は「健全」でなくてはなりません。

ただし、現在は「不健全」でも「磨き上げ」を通じて「健全化」できる会社もたくさんあります。健全化に向けての「磨き上げ」が、親族や従業員が「ぜひ継ぎたい」と手を挙げ、後継者不在を解消する有効な手段となるわけです。

事業承継は、「残すべき企業であるかどうか」を判断することから始まります。

今「不健全」であったとしても、それをもってただちに「承継すべき会社ではない」ということではなく、子や従業員から「継ぎたい」と手が挙がるような会社に磨き上げていけばよいだけです。

後継者問題の本質は、「継ぎたいと思える会社をつくれるかどうか」なのです。

事業の健全性を評価する

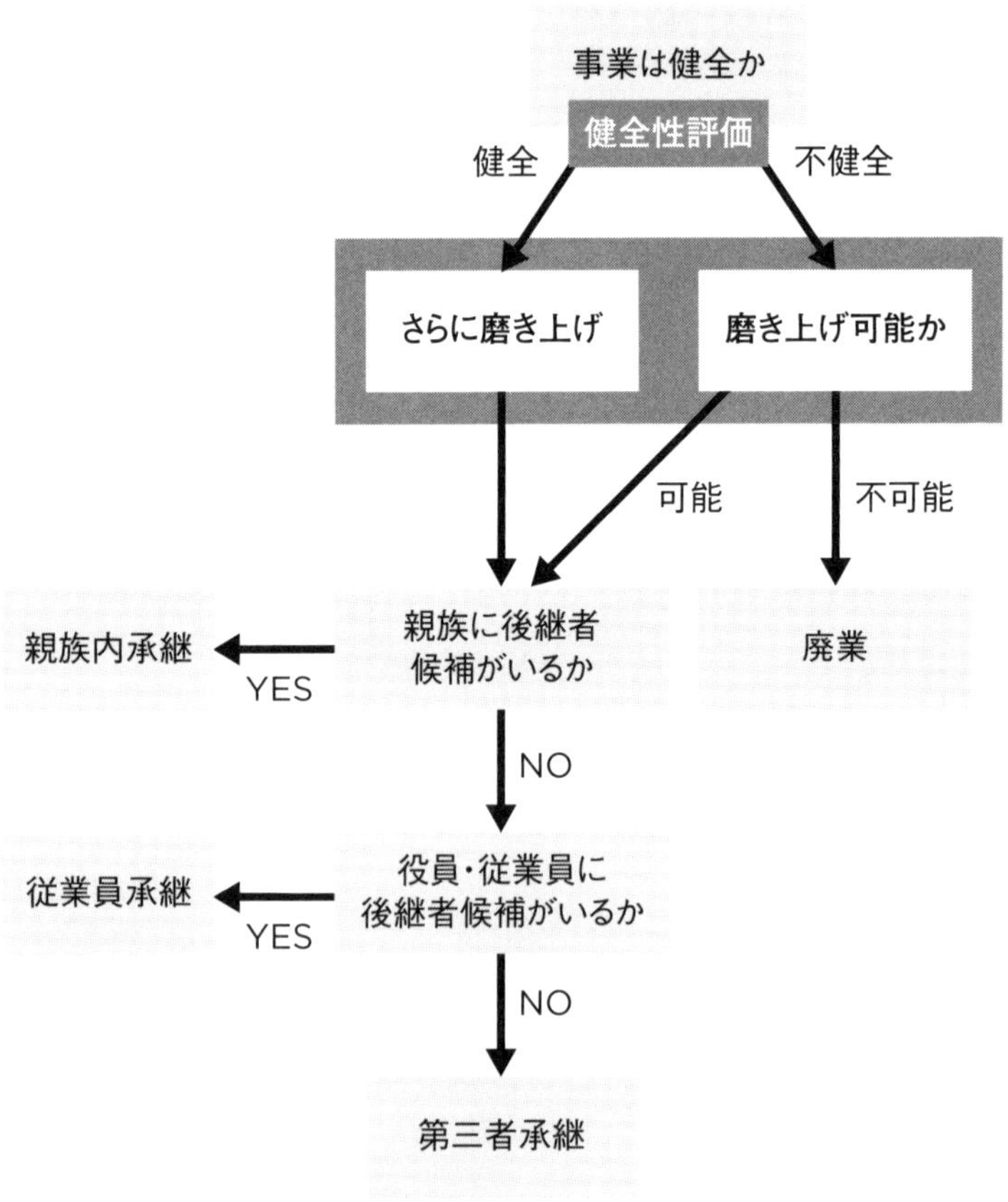

2 「健全性」を判断する

まずは財務を大局的に判断する

　では、承継すべき会社かどうかの判断は、どのように行えばいいのでしょうか。まずは大局的に財務が健全かどうかの判断をします。

「Ｐ／Ｌ（損益計算書）の営業赤字」と「Ｂ／Ｓ（貸借対照表）の債務超過」がないかを見ればよいのです。「Ｐ／Ｌ　営業黒字」と「Ｂ／Ｓ　資産超過」であれば、ひとまず「健全」と言えます。

　債務超過であっても営業利益をあげている会社であれば、利益の積み上げによって３年以内に債務超過を解消できるようであれば「健全」と見てもよいでしょう。

　債務超過の解消（Ｂ／Ｓの磨き上げ）は、増資や債務の株式化（ＤＥＳ：デッド・エクイティ・スワップ）などによっても可能です。債務の株式化とは、経営不振・債務超過などで苦境に立つ企業に対し、債務の交換で株式を発行することによって企業の再生を図る手法です。債務者（企業）は借入金を返済する代わりに、債権者（銀行など金融機関）に株式を

数値分析のチェックリスト

	項　目	目　安	○ or ×
1	P／L	営業黒字である（営業赤字でない）	
2	B／S	資産超過である（債務超過でない）	
3	C／F	営業利益が3期連続黒字である	
4	収益性	ROA（総資産利益率）は5%以上である	
5	安全性①	自己資本比率は30%以上である	
6	安全性②	流動比率は150%以上である	
7	成長性	増収、増益が2期以上続いている	
8	生産性	1人当たりの労働生産性が2期以上伸びている	
9	効率性	在庫は平均売上高の1カ月分以下である	
10	有利子負債	会社の有利子負債は月商の3カ月以下である	

発行します。債権者は企業の経営権を握ることができ、債権者が株主になることで企業の財務体質が改善されるのです。

より詳細に健全性の判断をするならば、次のように、「数値分析」と「非数値情報分析」を組み合わせて判断します。

〈数値分析（経営分析）〉

数値分析は、貸借対照表と損益計算書およびキャッシュフロー計算書から「営業キャッシュフロー」「収益性」「安全性」「成長性」「生産性」「効率性」などを評価します。それぞれの指標の数値をクリアしている場合は「健全」と言えます（上の表参照）。同業他社と比較することも有効です。

ほかに、誰でも無料で活用できる中小機構（中小企業基盤整備機構）の「経営自己診断システム」や経済産業省の「ローカルベンチマーク」があります。同業種との比較も含めて簡単に診断できますので、インターネットで検索してみてください（「中小機構」は国の中小企業政策の中核的な実施機関です）。

〈非数値情報分析（知的資産分析）〉

数値分析（財務状況）は決算書を見れば一目瞭然ですが、多くの中小企業には決算書に表れない強みがあります。事業承継は財務状況だけでなく会社全体のノウハウ、人材、資産をすべて承継することになります。

そのため、健全性評価はバランスシート上に記載されている資産以外の企業の競争力の源泉である「人材」「企画力」「技術力」「ノウハウ」「生産能力」「知的財産（特許・ブランドなど）」「組織力」「経営理念」「顧客とのネットワーク」などの有無、またそれが承継できるものかどうかも評価しなければなりません。

健全性の評価は、他社が真似できない核となる能力（コアコンピタンス）や競争力があるか、それが承継できるものかどうかで評価することが肝心なのです。

とくにカリスマやワンマンと呼ばれる経営者の会社は、その経営者に帰属する強みも多いでしょう。また、強みがベテラン（高齢）職人に帰属していることもあります。

たとえば、コアコンピタンスが技術力にあり、経営者やベテラン職人の個人的な能力である場合、その承継は簡単にはいきません。後継者の教育や育成によって技術移管する方法、あるいはその技術を会社全体で共有できるような仕組みづくりが必要になります。

企業の競争力の源泉である「人材」「企画力」「技術力」「ノウハウ」「生産能力」「知的財産（特許・ブランドなど）」「組織力」「経営理念」「顧客とのネットワーク」といった決算書に表れない強みを「知的資産」と呼び、大きく3つに分けられます。次のとおりです。

・人的資産……人（従業員）それぞれがもっている能力や経験、知識、ノウハウなどの暗黙知で、その人が退職などの理由で企業からいなくなることによって、企業が失う資産です。

・構造資産……企業で使っているシステムやデータベース、組織の柔軟性などの資産で、暗黙知をもつ従業員がいなくなっても企業に残ります。

・関係資産……企業のイメージや顧客ロイヤルティ、仕入れ先や販売先の企業との関係など、企業と外部との関わりに関連するすべての資産をいいます。

3 「磨き上げ」を行う

財務を磨き上げる

不健全な事業や会社を承継可能な会社とする「磨き上げ」は、後継者に事業を円滑に承継するための重要なプロセスです。

M&Aにおいても具体的なプロセスに入る前に「磨き上げ」を行います。磨き上げは売り手企業にとっては自社の魅力を正しく表現し、よりよい条件での売却を可能にするなど、M&Aの成否を大きく左右する大切な作業であるからです。

後継者に承継可能な会社にするための磨き上げの対象は、120～121ページの表にあるように多岐にわたり、これらの磨き上げには最低半年から1年間ほどを要します。

なかでも、財務面の磨き上げは大切です。営業赤字や債務超過の会社は誰も承継したがりません。

次のポイントで、貸借対照表と損益計算書を磨き上げます。

①貸借対照表（B／S）の磨き上げ

対　象	内　容
4. 人事労務	●社員の離職率は高くないか（不当な労働環境でないか） ●労務関係の書類の整理 ●社会保険への加入の有無 ●労使協定の締結の有無 ●労務管理（出退勤管理など）を把握する仕組み構築 ●人事評価制度や退職金制度などの整備 ●標準業務についてのマニュアル化
5. 契約	●各種取引の契約書類の整備（リース物件や賃貸物件の契約書はもちろん、会社所有の不動産などの権利書や謄本なども）
6. 取引先	●取引先との契約書や秘密保持契約書の整備 ●取引先別の特徴や代替可能性の検討
7. 顧客	●顧客との契約書の整理 ●取引実績がわかる資料を顧客別に整備（販売情報・顧客情報のデータ化） ●売掛金などの回収サイトの短縮化 ●支払いの遅れている顧客には支払い催促 ●反社会的勢力遮断への取組み
8. 見た目	●事務所内や工場内などを整理整頓し、つねに清掃の行き届いた状態 ●ウェブサイトの更新が止まっていないか、会社のパンフレットが古すぎないか ●従業員の制服が古いものを使い回していないか　など

「磨き上げ」の対象と内容

対　象	内　容
1. 株式	●株主名簿の整理 ●株主は適法に株式を取得しているか ●名義株の有無、書換え ●株式が分散している場合は、できるだけ株式を集める
2. 経営管理	●定款の改定（法令との適合性） ●社内規程・就業規則の整備 ●許認可の届出、承継要件の確認 ●株主総会や取締役会の議事録の整備 ●中・長期的な事業計画書や経営計画書の策定 ●資金繰り表の作成 ●月次決算の早期作成体制の整備、予実管理体制の構築 ●部門別、製品・サービスごとの収益データの整備 ●各部署の責任者の適正配置、役割の明確化 ●セキュリティの適切な管理（各種データの適切な管理・利用）
3. 財務	●不適切な会計処理や税務処理はないか ●未払い残業代ほか簿外債務はないか ●継続的な不適切取引（不当な値引き、過剰仕入など）はないか ●会計帳簿や決算書類などの保管 ●無駄な経費や、会社本来の事業に不要なものが混じっていないか（遊休資産、公私混同はないか） ●帳簿価額と時価との乖離の大きいものがないか（できるだけ正しい数字を反映） ●有利子負債の返済 ●経営者保証を外す ●合法的に効果的な節税対策

貸借対照表（バランスシート）の磨き上げには、大きく分けて「資産の処分」「財務バランスの改善」「資本の充実」があります（左ページの表参照）。

② 損益計算書（P／L）の磨き上げ

貸借対照表（B／S）に比べて、損益計算書（P／L）の磨き上げは難しいと言われています。P／Lの磨き上げのポイントは、節税のために本来必要のない支出（無駄な経費）があればそれをなくし、固定費を削減すること（＝不採算部門・不採算商品サービスの廃止）です。

固定費の代表格は人件費や賃料ですが、その削減は「事業の見直し」を意味します。

得意先の「磨き上げ」を行う

得意先ごとに原価管理や損益管理ができていない会社は少なくありません。日々同じように事業活動していると、じつは「あまり儲からないところに、時間と人員を割いていた」ということもよくあります。

限られた人員と時間をより効率的に収益につなげていく（生産性を高めていく）ためには得意先の分析が大切です。

そこで、売上や粗利益の貢献度が高い顧客や商品を明確にする（利益の稼ぎ頭を明確にす

貸借対照表を磨き上げる

資産を処分する	●利益を生まずに維持費のかかる資産の処分（例：遊休地、株式、ゴルフ場やリゾートの会員権、社長の自宅や自動車など）→処分で得た現金で借入金の返済をすると効果的 ●赤字部門の撤退（赤字状態は、収益を産まず、資金がなくなっている状態）
財務バランスを改善する（資産の改善と負債の圧縮）	流動資産の改善 ●売掛債権の早期回収（適正化） ●貸倒れ処理（一時的に赤字になる場合はあるが、磨き上げではやむを得ない） ●在庫圧縮 負債の圧縮（有利子負債は極力整理） ●資産の処分などで現金化した借入金の返済 ●借入金の担保になっている定期預金があれば、解約して借入金を返済。ただし金融機関との関係を考慮しながら実行すること ●役員からの借入金がある場合は、資本金に振り替える（DES）ことで、資本の充実と負債の圧縮の2つの効果が見込める
資本を充実させる	●増資による資本金の増加 ●利益の積上げ

る）手法として「ＡＢＣ分析」を活用します。たとえば、得意先ごとの売上高分析（売上高ＡＢＣ分析）では次のように分類します。

ランクＡ　累積構成比０〜80％未満
ランクＢ　累積構成比80〜90％未満
ランクＣ　累積構成比90〜１００％

会社全体の売上高に対する割合が10％以下（Ｃランク）の得意先は見直しの対象とするのです。

左の表のように、「売上高ＡＢＣ分析」では、自社の売上高にどの得意先が貢献しているか、得意先別の売上構成比を計算してＡＢＣのランクに分類します。

売上の多い取引先から順に売上高を足していって、売上高全体の上位80％を占める取引先がＡランク、その下の80〜90％の部分に貢献している取引先がＢランク、90〜１００％に位置する取引先がＣランクです。

一般には、売上高のＡＢＣ分析をすることが多いのですが、粗利益で分類すると、その結果が変わることも多々あります。

左ページ下段のように、粗利益ＡＢＣ分析をすると、売上高ＡＢＣ分析では「Ｈ社」はＣランクでしたが、粗利益でみるとＡランクになります。

得意先分析は売上高より粗利を重視する

売上高ABC分析

得意先	売上高（万円）	売上構成比	累積構成比（上位何%）	
A	7,000	28.0%	28.0%	Aランク
B	4,500	18.0%	46.0%	Aランク
C	2,500	10.0%	56.0%	Aランク
D	2,000	8.0%	64.0%	Aランク
E	2,000	8.0%	72.0%	Aランク
F	2,000	8.0%	80.0%	Bランク
G	1,500	6.0%	86.0%	Bランク
H	1,500	6.0%	92.0%	Cランク
I	1,000	4.0%	96.0%	Cランク
J	1,000	4.0%	100.0%	Cランク
合計	25,000	100.0%		

粗利益ABC分析

得意先	売上高（万円）	粗利率	粗利	粗利構成比	累積構成比（上位何%）	
A	7,000	20%	1,400	17.8%	17.8%	Aランク
B	4,500	25%	1,125	14.3%	32.1%	Aランク
C	2,500	35%	875	11.1%	43.2%	Aランク
E	2,000	40%	800	10.2%	53.3%	Aランク
F	2,000	40%	800	10.2%	63.5%	Aランク
H	1,500	50%	750	9.5%	73.0%	Aランク
G	1,500	45%	675	8.6%	81.6%	Bランク
D	2,000	30%	600	7.6%	89.2%	Bランク
J	1,000	45%	450	5.7%	94.9%	Cランク
I	1,000	40%	400	5.1%	100.0%	Cランク
合計	25,000		7,875	100.0%		

売上高より粗利を重視すべきです。いくら売上高があっても利益がなければ会社経営は成り立ちません。2つの商品があり、商品Aが売上高1000万円・粗利200万円、商品Bが売上高500万円・粗利300万円であれば、商品Bが売上高は低くとも会社にもたらす利益が大きいことは明白です。

「経営力向上計画」を活用する

事業の磨き上げでは「経営力向上計画」を活用するのも有効です。

「経営力向上計画」とは公的な事業計画書の一つで、人材育成、コスト管理などのマネジメントの向上や設備投資など、自社の経営力を向上させるために取り組む内容を記載した事業計画です。ネットで「経営力向上計画」（中小企業庁）を検索すると、詳しく制度が紹介されています。

計画書の内容は、①企業の概要、②現状認識、③経営力向上の目標および経営力の向上の程度を示す指標、④経営力向上の内容、⑤事業承継等の時期および内容（事業承継等を行う場合に限る）などで、何をどのように磨き上げていけばよいかを整理できます。

経営力向上計画を事業所の所管大臣に申請して、認定されると、「中小企業経営強化税制（即時償却など）」「各種金融支援」を受けることができます。作成に当たっては、認定経営革新等支援機関のサポートを受けることも可能です。

経営力向上計画の策定でとくに優れている点がその策定プロセスです。国が今の環境下で経営力を向上させるうえでの「基本方針」と「事業分野別指針」を定めています。その方針や指針を踏まえて、経営力向上の内容を検討することができます。

たとえば、製造業の経営力向上の指針としては128ページの表のように記されており、この点を踏まえた経営力向上計画を策定・実行することが事業の磨き上げにつながるのです。

「基本方針」「事業分野別指針」は中小企業庁のホームページからダウンロードできます。

「知的資産経営報告書」を活用する

円滑な事業承継に向けた磨き上げは、財務だけでなく、社員の技術力や取引先との関係性など長年にわたって築き上げてきた目に見えない「知的資産」も対象となります。こうした知的資産があるからこそ、これまで事業を継続できてきたわけですから、この点をしっかり後継者に伝えることが重要です。

知的資産（競争力）の磨き上げには「知的資産経営報告書」を活用するのが有効です。「知的資産経営報告書」の作成マニュアルや作成用フォーマットは、「中小機構（中小企業

製造業の経営力向上計画の指針

イ　従業員等に関する事項	(1)組織の活力の向上による人材の有効活用 (2)多能工化及び機械の多台持ちの推進 (3)継続的な改善提案の奨励
ロ　製品・製造工程に関する事項	(1)実際原価の把握とこれを踏まえた値付けの実行 (2)製品の設計、開発、製造及び販売の各工程を通じた費用の管理
ハ　標準化、知的財産権等に関する事項	(1)異なる製品間の部品や原材料等の共通化 (2)暗黙知の形式知化 (3)知的財産権等の保護の強化
ニ　営業活動に関する事項	(1)営業活動から得られた顧客の要望等の製品企画、設計、開発等への反映 (2)海外の顧客に対応出来る営業及び販売体制の構築 (3)他の事業者と連携した製造体制の構築等による受注機会の増大
ホ　設備投資並びにロボット及びITの導入等に関する事項	(1)設備投資 (2)ロボットの導入又は増設 (3)ITの導入 (4)設備投資等が製品の品質及び製品一単位当たりの製造費用に大きな影響を及ぼす分野に関する留意事項（鉄鋼、化学、電子・電気、重電、航空・宇宙、医療機器等）
ヘ　省エネルギーの推進に関する事項	エネルギー使用量の把握、設備の稼働時間の調整及び最適な管理の実施、省エネルギー設備の導入、エネルギー管理体制の構築 等
ト　経営資源の組合せ	現に有する経営資源及び他の事業者から取得した又は提供された経営資源を有効に組み合わせて一体的に活用

「経営力向上計画」（中小企業庁）より

基盤整備機構）」のホームページの「支援機関向けガイドブック・マニュアル」からダウンロードできます。

知的資産経営報告書を作成することによって、自社が保有している知的資産すべてを把握することができるため、事業承継を行ううえで非常に役に立ちます。

現経営者と後継者が一緒に知的資産経営報告書を作成することで、自社事業の評価を改めたり評価できる強みや特徴を見つけたりと、さまざまなメリットがあります。

第6章

後継者に負担をかけないためにやっておくべきこと

1 家族の確執を生まないために

同じ会社に複数の子を入れてはいけない

事業承継の問題は先代が倒れたときに顕在化します。その典型的な問題がきょうだい間の確執です。

子が後継者候補としてベストといっても、同じ会社に複数の子を入れるべきではありません。それを何度も耳にし、わかっていながらもやはり親心から入社させるケースが少なくありません。

ありがちなシチュエーションは「とりあえず複数の子どもを入社させて様子を見たうえで後継者を決めよう」と考えているケースです。やがて子どもたちが経営するようになると、必ずといっていいほどお互いの経営方針や価値観などにズレが生じます。きょうだいという近しい間柄だからこそわがままが表面化することもあるでしょう。

事業が安定していれば次第に社内政治に意識が向きがちになり（トップでない弟が、妻から会社における立場などについて意見を言われ始めることも）、その結果、仲のよかったきょうだいが感情的に対立することもあります。

きょうだいは社員から見たら「２人とも社長」です。

指示系統が一本（トップが１人）だからこそ、社員も自分の従うべき指示がわかります。

トップでない他のきょうだいが社長に対して対等な立場で意見を言ってしまうと、社員から見れば実質的に指示系統が複数発生してしまうことになります。これでは社員は困惑します。

それだけでなく、トップではない他のきょうだいが一部の社員を取り込んで派閥を形成してしまうこともあります。こうなると社員が分裂して社内の風土が悪化し、最悪の場合、トップでない弟が社長のあらぬ噂を広めた挙句に、一部の社員を引き連れて独立してしまうというケースも見受けられます。

複数の子どもを同じ会社に入れるなら、社長である親の務めとして、後継者にならなかった者には、ナンバー2として生きることを覚悟させなければなりません。つまり、「社長の方針に合わないなら辞表を出すように」と厳命しておくのです。

冷酷な意見かもしれませんが、家族間で感情的な対立が発生したときは、法律では修復できません。いずれか一方が会社から離れることでしか、抜本的な解決にならないケースが多いのです。やはり、会社に入れるのは親族のうち1人がベストです。

きょうだい経営がうまくいくコツを強いて一つ挙げるとすれば「役割分担を明確にする」こと。事実、きょうだいで営業部門担当と製造部門担当など、役割分担を明確にして成功している企業もあります。「きょうだい経営はうまくいかない」のは圧倒的な事実ですが、きょうだいの結束がプラスに作用すると、これほど強いものもありません。

しかし、うまくいっていない会社がその何倍もあることを忘れてはいけません。きょうだい経営がプラスに作用する確率は非常に低いと感じています。

きょうだいの揉めごとを避けるために会社を分ける方法もあります。この場合、まったく違う事業でお互いが自立して経営できるならいいのですが、製造会社と販売会社といった機能別の分社では、やはり利害関係が発生し、わがままを言い合える関係であるためにうまくいきません。

会社に入らなかった子への配慮

きょうだいの確執を生むのは、同じ会社に複数の子が入る場合にかぎりません。子どものうち1人が会社に入って継いだとしても、継いでいないほかの子どもたちとの間に確執を生むケースもまた多々あります。

会社を継がなかった子たちからすれば、会社は「金のなる木」です。サラリーマンでは稼げないような報酬、第二給与とも言える経費、クルマも社用として好きなものに乗れる、ゴルフや美食三昧……、社長というポジションはどうしても周囲からそう見えてしまいます。

兄と弟が会社に入っていて、兄を後継者として決めた場合、選ばれなかった弟は会社を去ることもあります。立ち去る側としては「身内に排除された」という感情から大きな確執に発展してしまうかもしれません。後継者は、会社を去る側への配慮を忘れてはいけません。せめて退職時には、立ち去る側の要求にできるだけ応じたほうがよいでしょう。立ち去る側が自社株を保有している場合にはこれもすべて買い取るべきです。

母親が金庫番（経理担当）のとき

事業承継における親族間のトラブルは、きょうだい間だけで発生するものではありません。後継者と先代の妻、つまり母親とうまくいかないケースもあります。ただきょうだいと違って、経営権（社長の椅子）を狙って後継者と母親が対立するケースは多くはありません。むしろ後継者を支えて自社を守ろうとします。しかし、会社の守り方がときに後継者にとって疎ましくなるのです。

オーナー企業では、社長の妻が会社の経理を担当していることは珍しくありません。会社の「経営者の妻で経理担当」という立場は絶大な力をもちます。ときには社長に第三者的なアドバイスをしたり、母親的な存在として社員たちの面倒を見ていたり、厳しいお目付け役の経理担当者として「シビアにコストを管理する役割」を担う、なくてはならない存在であったりします。

不正の起きやすい経理という仕事を妻に任せる安心感は、他に代えがたいものでしょう。しかしながら弊害もあります。会社のカネを管理しすぎてしまうことです。

ある会社では、先代が亡くなり長男が社長になりました。先代の妻は役員として残り、会社の印鑑と通帳をすべて自分で保管し後継者に渡しませんでした。後継者が新しいことを始めようとしても、いつも母親の了承が必要です。ところが母親は、新しいことには極端に消極的でした。これではいったい誰が社長なのかわかりません。

社長は、カネとヒトを自分の判断で動かすことができるからこそ社長です。そのカネを自由に動かせないとなれば社長とは言えません。

長年にわたって、先代の妻（母親）など同じ人が経理を担当していると、いつのまにか「カネの管理がその人しかできない」という事態に陥ります。結果として会社のカネの動きを実質的に掌握することになります。

また先代の妻（母親）は、経営者同様に高齢化していきます。母親自身は「早く自分の業務を誰かに引き継ぎたい」と口ではこぼしつつも、実際にその仕事を他の誰かに任せることになれば、自分の仕事がなくなり、自分の存在価値を失いかねないという不安があります。そうしたことから、後継の経理担当者を育てようとしないケースも目立ちます。

代替わりこそ経理担当者変更のチャンスです。現社長が自分の妻を会社の経理担当者にしているなら、社長交代を契機に別の者に変更します。

ただ急に頭ごなしに変更を指示すると、妻としても自分を否定されたようで気分を害するでしょうから、「自分はそろそろ引退を考えている。これを機会に経理担当者も新しい人に任せよう」と話を広げていくのが穏当です。

社長交代のタイミングに合わせて、次の経理担当者の選定と教育を施していくことを考えましょう。

2 株式を後継者に集中させておく

全株式を集中させたほうがいい

株式の分散を放置したままでの事業承継は、後継者の円滑な経営を妨げます。先代の社長のときには、分散した株を保有する株主とも関係が良好で、大きなトラブルなく経営できていても、先代の社長の死後は後継者と株主との関係が希薄化し、いざ株式を集めようとしても思わぬ困難やトラブルになることが少なくありません。

分散した株式を集約化し、後継者に株式を集中させるのは現社長の大事な責務です。

株主が死亡すると株式はその株主の相続人に承継されます。中小企業では株式が勝手に移転しないように、定款で株式譲渡制限を定めていますが、これは譲渡による株式取得だけが対象で、相続による承継は止めることができません。

相続人が複数いれば保有する株式は、細分化されてそれぞれの相続人に承継される可能性があります。1人の株主が保有していた株式が、2回の相続であっという間に20人に分散したケースもありました。被相続人が有していた株式1000株が、5人の相続人に

200株ずつ相続され、さらにその5人の相続人に相続が発生し、3世代にわたる相続を経て20人に分散した状態になってしまったのです。

では、後継者は、どれくらいの株式シェアを握っていればよいのでしょうか。

一般的には、単独で3分の2以上が望ましいと言われます。妻や子など近い親族で3分の2以上を保有していても離婚するケースや妻や子が結託してクーデターを起こしたケースもありますから、「単独で3分の2以上」を保有しておきたいところです。

3分の2以上を持っていれば、株主総会の特別決議を単独で成立できます。特別決議を要する事項は「事業の全部の譲渡や譲受け」「定款の変更」「監査役の解任」「減資（資本金の額の減少）」「合併」「解散」などで、3分の2以上を持っていれば、ほぼすべての議決を行うことができます。

それでも私は、後継者に100％（全株式）を集中させたほうがよいと考えています。

その理由は先にも述べましたが、たとえ少数の株しか持たない株主でも、

・1株で株主代表訴訟を起こせる。
・1％以上で株主提案や総会検査役選任請求できる。
・3％以上で総会招集請求や役員の解任請求、会計帳簿閲覧を請求できる。

など、少数株主権を駆使した嫌がらせが可能で、面倒が発生するリスクが生じるからで

株式保有割合と株主の権利

議決権保有割合	できること（おもな権利）
100%	株主全員の同意を要する事項の決定
66.7%（2/3超）	特別決議を要する事項の決定
50.1%（1/2超）	普通決議を要する事項の決定
33.4%（1/3超）	特別決議の否決
10%	解散請求権
3%	役員の解任請求権、会計帳簿閲覧権、総会招集請求権
1%	株主提案権、総会検査役選任請求権
1株	株主代表訴訟

す（上の表参照）。

たった1株でも持っていれば株主代表訴訟を起こすことができるのです。実際に起こった株主代表訴訟の多くは、非公開会社で起こっています。

そのほとんどが身内での争いや嫌がらせ、あるいは株を高く買い取ってもらうために起こしたものです。経営方針に納得できないときには、その株主は権利を全面的に主張し、会社に対してさまざまな要求や請求をしてくるかもしれません。

経営者が、それら一つひとつに対応しなければならない事態が生じてしまうと、迅速な意思決定や円滑な会社運営が阻害されてしまいます。

株式の分散を予防する

ほとんどの中小企業の定款には「当会社の株式を譲渡するには取締役会または株主総会の承認を受けなければならない」という条文が入っており、株主の勝手な売買を制限し分散を抑えています。しかし相続で自社株が分散することがあります。それを防ぐには、定款のなかに次のような**相続時の売渡請求権**を入れることが必要です。

> （相続人等に対する株式の売渡し請求）
> 第◯条　当会社は、相続その他の一般承継により当会社の株式を取得した者に対し、当該株式を当会社に売り渡すことを請求できる。

ただし、この規定が使いにくいときもあります。先代経営者である父親が亡くなってしまった場合、上記の規定を逆手にとられて、後継者が株式を相続する流れを絶たれるという本末転倒なことが起きる可能性です。これを防ぐための方法はいくつかあります。具体的には、事業承継士など専門家に相談してください。

分散している自社株式は、事業承継時には必ず集約して後継者に引き継ぐことが大切です。現経営者の目が届くうちは、少数株主も知人や親族などの関係者であるため、買取りにも応じてもらいやすいものです。しかし、その良好な関係も、先代が亡くなって後継者の代になると話は変わります。

関係性が希薄になることから、買取り価格で揉めるケースも発生し、株式集約の難易度が上がります。現経営者が引退する前に分散した株式を集約し、後継者へ自社株１００％の承継をめざしたいところです。

名義株は無償で解消(回収)できる

旧商法では、株式会社を設立するには7名以上の発起人が必要でした。そのため友人や従業員、親族に名義を借りて会社を設立するケースが多く見られました。結果、「名義株」が存在することになりました。

名義株は、会社の株主名簿に掲載されている株主と、会社に実際に資金を払い込んだ出資者が異なります。株式を集約する場合に、まず検討すべき事項は名義株の回収です。その理由は次のとおりです。

・名義株は無償で解消できる可能性が高い。
・名義株主が議決権行使や配当を受けると名義株でなくなってしまう（権利を行使される前に回収）。

・株主総会を経ないで相対で対処できる。

名義株かどうかは、次のような観点で総合的に判断されます。

①議決権を行使していない。

②配当金を受領していない。

③株式の取得代金ないし払込金の出捐者《しゅつえんしゃ》でない（実際に会社に振り込まれたお金は誰の金だったのか）。

④名義貸与者と名義借用者との関係がある（株主の名前を借りてもおかしくない関係性にあったかどうか）。

⑤名義借りの理由（発起人の頭数集めなど、名義を借りるどんな理由があったのか）。

名義株を解消（回収）するもっとも穏当な手段は、名義人と合意して名義人から無償で譲り受ける方法です。名義人が真の株主でなく、名義株であることが明らかな場合に名義人と合意できるのであれば、譲渡の対価を支払わずに名義書換えを行って名義株を解消することができます（名義人に対し、一定のハンコ代を支払うこともあります）。

名義株であることが明らかでない場合は、無償あるいは非常に低廉な対価で名義書換えを行うと贈与と認定されて課税リスクが生じます。名義株でないおそれがある場合は、税務リスクを考慮した適正価格での買取りを検討しておきます。その場合は、買取り資金が必要になるため、発行会社が自己株式として取得する選択肢もあります。

名義人が行方不明になっているケースもあります。名義株では名義を貸しているだけで、議決権の行使や配当の受領に関心がないため、年月が経つとその所在が不明になることもあります。このようなケースでは、「所在不明株式の売却許可」を裁判所に申し立てることで買い受けることができる場合があります。

名義株の回収は、次の流れで行います。

①当該株式が名義株であることである確認書の作成
②取締役会での承認（取締役会議事録作成）
③名義株返還契約書を交わす
④株主名簿書換え

株主名簿を書き換えただけでは、税務署から、名義株主が実質株主に株式を無償で贈与したと受け取られ、贈与税が課税されてしまうリスクがあります。そこで、税務署から株式の名義に変動があった理由を確認された際に説明できるよう、もともと株式が実質株主の財産であることを確認する「確認書」を作成し、名義株主に署名してもらっておくとよいでしょう（左ページ参照）。

確認書では、本人捺印を確実に証拠化するために、実印での捺印をおすすめします。

名義株返還に関する確認書（例）

名義株返還に関する確認書

年　　月　　日

株式会社◯◯　御中

◯◯◯◯（以下、甲という）の名義の株式会社の株式●●、合計◯◯株に関しましては、甲が払込みをしたものではなく、真正な株主▲▲（以下、乙という）が払込みをしたものであり、また乙より依頼されて名義を貸したものです。よって甲自身が何らの権利を有するものではありません。また、これまで配当金の受領や、議決権を行使したこともございません。
当該株式◯◯株については、本来の権利者である乙に名義書換することに合意致します。

甲
住所
氏名　　　　　　　　　　　　　　　　印

乙
住所
氏名　　　　　　　　　　　　　　　　印

株式を買い取る

株主が協力的であれば、「株式譲渡」によって株式を集約することを考えます。株式を売ってもらう、あるいは譲ってもらいます。

この場合、譲渡に応じてくれる株主との相対取引となります。ただし先述したとおり、中小企業で発行される株式には譲渡制限がつけられています。制限があれば、会社の承認なく勝手に株式を売買できないので、原則として取締役会か株主総会の承諾を得る手続きを行う必要があります。取締役会を設置している会社は、取締役会で承認するかどうかを決めます。取締役会を設置していない会社は、株主総会の決議で承認するかどうかを決定します。

また、株券を発行している会社であるか不発行の会社であるかの確認も必要です。

株券がある場合は譲渡側から株券を受け取り、譲受側が会社に対して株主名簿の書換え請求を行います。株券がないときは、譲渡側と株式の譲渡契約を結んだうえで、前株主（譲渡側）と譲受側がともに株主名簿の書換え請求を行います。

譲渡価格は当事者間の合意によって決定するので、無償でも有償でも構いません。株式を集約したいのは買い手側ですから、通常、贈与または低い価格での譲渡を希望するでしょう。一方、株式を手放す側はできれば多く対価を手に入れたいと思うのが普通です。つまり譲渡価格は相対交渉によって決まります。

贈与か譲渡か、譲渡価格をいくらにするかを決める際には税金に注意します。

株式は価値のある財産なので、株式の移動によって課税が生じることがあります。有償の譲渡であったとしても、税法上定められた方法で算出される価額よりも低い金額で株式の譲渡を受けた場合には、贈与税が課される可能性があります。

有償譲渡によって株式を集約する場合には、買い取る側は対価としての資金を用意しなくてはなりません。株価は会社の価値が反映され、意外に高額になることがあります。株式の贈与・譲渡では、税金や資金負担、そしてそのスキームを決めるためにも事前に株式の価額を算定しておくことが重要です。

会社による自己株式の取得

発行された株式を会社が買い戻すことを「自己株式の取得」といいます。それによって自社で保有される株のことを「金庫株」と呼びます。

経営者や後継者個人で分散した株式を買い集めようとするとき、株式の買取り価格が高ければ多額の現金が必要になり、資力がなければ実現しません。そこで会社が、会社の資金で分散している株式を買い戻すことで、個人の資金を拠出することなく、持ち株比率をコントロールできます。

たとえば、左ページのように3000株を発行している会社であれば、株主A、B以外の分散した株式1050株を会社で買い戻すことで、結果的に株主A、Bの株式シェア率を高めることができます。買い取った株式は、会社の保有期間中はその分の議決権の効力がなくなるため、後継者の持つ株式の議決権割合が高まります。

会社による自己株式取得はメリットが多いように思えますが、際限なく自社株を買い取ることができるわけではありません。資力のない会社がどんどん自社株を買い取っていくと、資金が流出し（財産的基礎を損ない）、会社債権者（債権を持つ金融機関や取引先）が不測の損害を負いかねません。

また、一部の株主のみから株式を優先的に買い取る場合や、取得価格によっては株主平等原則にも反します。そこで会社法では、会社が自社株を株主から買い取るときに「財源規制」「手続き規制」を設けています。

規制に違反して自己株式の取得が行われた場合には、会社の利害関係者すべてに悪影響が及ぶことになりかねないため、規制に違反する自己株式取得は原則として「無効」とされています。財源規制に応じた自社株買取りを行わなくてはなりません。

自己株式の取得でシェアを高める

株　主	保有株式数	シェア率
A（経営者）	1,500	50.0%
B（後継者）	450	15.0%
C　非協力的株主	450	15.0%
D　非協力的株主	200	6.7%
E	200	6.7%
F	100	3.3%
G	100	3.3%
合計	3,000	100.0%

株主 A、B 以外の株式を会社で取得する

株　主	保有株式数	シェア率
A（経営者）	1,500	76.9%
B（後継者）	450	23.1%
C　非協力的株主	0	0.0%
D　非協力的株主	0	0.0%
E	0	0.0%
F	0	0.0%
G	0	0.0%
合計	1,950	100.0%
自己株式（金庫株）	1,050	

会社が自己株式を取得するときには株主に金銭等を交付することになり、これは実質的に出資を払い戻すのと同様であり、会社の財産的基礎を損なうことになります。そこで財源規制が行われるわけです。

買取り時点の「分配可能額（剰余金の額－自己株式の帳簿価額）の範囲内」でしか、会社は自社株を買い取ることはできません。

手続き規制は、「株主を特定しないで取得する場合」と「株主を特定して取得する場合」に分かれますが、後者のほうが厳格な手続きが必要となります。

〈株主を特定せずに取得する場合〉

株主を特定せずに取得するスキームは、左ページの表のとおりです。

〈株主を特定して取得する場合〉

特定の株主から自己株式を取得する場合には、株主平等原則の観点から「売主追加請求権」という権利を認めています。そのため、決議を行う際に他の株主に対しても。「売却を希望する場合には希望する売却数等の申出を行う」ように知らせなくてはなりません。

売主追加請求権を無効にしたい場合には、定款の変更を行う必要があり、特別決議（議決権の過半数を有する株主が出席し、かつその議決権の3分の2以上の賛成）を行います。

スキームは153ページの表のとおりです。

株主を特定せずに株式を取得するスキーム

1. 取得に関する事項の決定（株主総会の普通決議）

- ✔ 取得する株式数
- ✔ 取得と引換えに交付する金銭等の内容およびその総額
- ✔ 取得することができる期間

2. 取締役会において下記を決定

- ✔ 取得する株式数
- ✔ 1株の取得と引換えに交付する金銭等の内容および額（またはその算定方法）
- ✔ 取得と引換えに交付する金銭等の総額
- ✔ 株式譲渡の申込期日

その上で、全株主に譲渡の機会を与えるため、
これらの事項を株主に通知または広告

**3.譲渡を希望する株主から株式数を明示して
譲渡の申込みがなされることにより、自己株式を取得**

※ただし、譲渡の申込数が取締役会において定められた取得する株式数を超えた場合には、譲渡を申し込んだ株式数に応じた按分比例により、自己株式の取得が行われる。

非協力的な株主を排除する

株主が株式の集約に協力的でない場合や、譲渡交渉が決裂した場合、取引による株式の集約は困難になります。それでも株式を集約したい場合、あるいはその株主を排除したい場合には、強制的に少数株主を会社から締め出してしまう「スクイーズアウト（少数株主排除）」の手続きを行うことも考えられます。

スクイーズアウトでよく使用される方法は、「特別支配株主の株式等売渡請求」と「株式併合」です。

オーナーが、90％以上の議決権を有している場合には、「株式等売渡請求」を行うのが簡便です。株主総会を開く必要がないためです。「株式併合」を利用するときは、株主総会の特別決議が必要となります。特別決議は原則として、「議決権を行使することのできる株主の議決権の過半数を有する株主が出席する株主総会」で、「出席した株主の議決権の3分の2以上の賛成が必要」です（定款で加重・軽減されている可能性もあります）。

それぞれの方法について説明しましょう。

「特別支配株主の株式等売渡請求」は、簡単に言えば総株主の議決権の90％以上を1人（または1社）の株主が保有している場合、他の株主全員に対して彼らの保有する株式全部を自分に売り渡すことを請求できるというものです。

株主を特定して株を取得するスキーム

1. 原則として、2の株主総会の2週間前までに株主全員に対して「売主追加請求」を行使できる旨を通知

※2の株主総会の5日前までに、株主は会社に対して「特定の株主」に自己を加えたものを議案とするよう請求できる。

2. 取得に関する事項の決定（株主総会の特別決議）

✔ 取得する株式数
✔ 取得と引換えに交付する金銭等の内容およびその総額
✔ 取得することができる期間
✔ 会社法158条に基づく通知を特定の株主に対して行う旨

3. 取締役会において下記を決定

✔ 取得する株式数
✔ 1株の取得と引換えに交付する金銭等の内容および額（またはその算定方法）
✔ 取得と引換えに交付する金銭等の総額
✔ 株式譲渡の申込期日

そのうえで、決定した株主に譲渡の機会を与えるため、これらの事項を株主に通知または広告

4. 譲渡を希望する株主から株式数を明示して譲渡の申込みがなされることにより、自己株式を取得

※ただし、譲渡の申込数が取締役会において定められた取得する株式数を超えた場合には、各株主が譲渡を申し込んだ株式数に応じた按分比例により、自己株式の取得が行われる。

株主総会手続きが不要であることなど、比較的簡略である一方で、総株主の議決権の90%を有していなければならないという高いハードルがあります。

「株式併合」は、数個の株式を合わせてそれよりも少数の株式にする手続きです。現在スクイーズアウトには、この株式併合が利用されることが多いようです。

たとえば、10株を1株に統合します。これがなぜスクイーズアウトになるかというと、たとえば全部で100株を発行している株式会社において、オーナーが80株を持っており、残りの少数株主が9株、8株、3株を持っている場合に、10株を1株に併合するとします。この場合、オーナーは8株保有の株主になりますが、その他の少数株主は1株に満たない端株となり金銭処理されることになります。

つまりオーナー以外の株主がいなくなるということです。なお、株式併合を実施する場合には、株主総会の特別決議が必要となります。

ほかのスクイーズアウトに、「全部取得条項付種類株式」を利用する方法もあります。

全部取得条項付種類株式とは、一般的に発行される普通株式とは異なる種類株式の一種です。株主総会の特別決議を経れば、会社がそのすべてを強制的に買い上げられるという、特別な株式で、これを利用し、少数株主の株式を取得することで支配権を強化したり、会社経営にとって都合の悪い株主を排除したりすることができます。

3 生前に行っておく相続対策

事業用資産を後継者に集中させる

経営者が生前に行っておくべき対策について説明します。まず、相続対策に関してありがちな失敗ケースを2つ紹介しましょう。

〈ケース1〉

先代社長が所有していた土地を兄弟が半々で相続。その土地の上には社屋があり、会社に賃貸していました。その後、経営にタッチしていない弟が「自分の持ち分の土地を換金したい」と言い出しました。

こうした場合、兄が資金を工面して買い取ることもよく起こります。したがって不動産のような分割の難しい資産は、できるだけ会社に名義を変えておくのが望ましいのです。会社所有にしておけば、会社の株式を取得した後継者が実質的に資産を所有できます。

〈ケース2〉

先代社長（創業者）が急逝して相続が発生。資産としては、自社株式、事業用資産、会社への貸付金、金融資産がありました。遺言書が作成されていなかったため、妻、長男（現社長）、次男で遺産分割協議を開始。

次男は家族への反発などもあって早くから家を出て、10年ほど話をしていません。現社長である長男は、自分が事業用資産のすべてを相続する案を弟に提示しましたが、弟はこれを拒否し、法定割合での相続を主張しました。

結局、法定割合に基づいて、事業用不動産の一部や会社への貸付金などを弟に相続させざるを得ませんでした。会社は、弟へ債務（先代社長の会社への貸付金）を返済したために資金繰りが逼迫。また、弟が事業用不動産の買取りを要求したため、会社に悪影響を及ぼしました。

たとえ、長男にすべての財産を相続させる旨の遺言を作成した場合でも、妻と次男の遺留分を侵害することはできません。妻は文句を言わないとしても、次男が遺留分を主張した場合、原則としてこれを拒むことはできません。

相続予定者のなかに意思の疎通が図れない人物がいたにもかかわらず、十分な生前贈与や遺言の作成がなされていない場合は、後継者に事業用資産の集中ができなくなる事態に陥ってしまいます。

相続人の遺留分に対応する

「株式や事業用資産を、後継者に集中させたい」と考え、そのために経営者が保有する株式や会社が使用している個人所有の土地などの資産を後継者に相続させるという「遺言書」を書いたとしても、先述したように「遺留分」の問題が残ります。

遺留分とは民法上、最低限保障されている相続人の取り分です。後継者が過大な財産を取得し、自己の取得分が遺留分よりも少なくなった場合には、自己の遺留分に相当する金額の支払いを請求することができます（後継者に対する遺留分侵害額請求）。

また生前に経営者が後継者に財産を贈与していた場合、それが他の相続人に不利益となることがわかったうえで行われた贈与であったときには、その贈与財産も含めて遺留分の計算が行われるので注意が必要です。遺留分は法定相続分とは異なり、遺言によっても奪うことができません。

経営者の財産は自社株式が多くを占めます。後継者以外にも子どもが複数いる場合、後継者に自社株式を集中させようとしても、遺留分を侵害された他の相続人から遺留分に相当する金額の支払いを求められます。その結果、自社株式が分散してしまうなど、事業継続を妨げる場合があります。以下のケースを見てください。

Ａ：社長（相続財産は、自社株式２億円、その他財産５０００万円　合計２・５億円）

B：長男（後継者）
C：次男

Aは、後継者であるBに自社株式2億円を、Cはその他財産5000万円を相続させる考えです。しかしCの遺留分は4分の1あるので、その額は6250万円（2・5億円×1／4）となります。

結果、BはCに対して遺留分を侵害している1250万円の金銭を支払わなければなりません。

この点、自社株式の評価額は現経営者が経営努力によって会社を発展させればさせるほど、評価額が上がります（自社株式2億円が、たとえば3億円にもなる可能性）。評価額が上がった結果、経営者の相続のときに相続財産に占める自社株式の比率が増えてしまい、事業承継で後継者に株式が集まった場合、他の相続人の遺留分を侵害する可能性が高まるのです。

もし、経営者の経営努力により自社株式の評価額が3億円になった場合、この場合、Cの遺留分は4分の1で、その額は8750万円（3・5億円×1／4）となります。遺留分の算定は、相続開始時点（株価上昇後）の評価となりますから、BはCに対して遺留分を侵害している3750万円の金銭を支払わなければなりません。

「遺留分に関する特例」を活用する

きょうだいなど相続人の間で遺留分について争うことになれば、後継者は経営に集中できなくなってしまいます。

そこで、経営承継円滑化法で、遺留分が円滑な事業承継を妨げることがないよう「遺留分に関する民法特例」が規定されました。

具体的には、自社株式を遺留分の対象から外す「除外合意」と、相続時の自社株式の評価額を合意時点のものに固定する「固定合意」が認められました。第2章の事例でも説明しましたが、繰り返しておきます。

「除外合意」とは、先代経営者の生前に、経済産業大臣の確認を受けた後継者が、遺留分権利者全員との合意内容について家庭裁判所の許可を受けることによって、先代経営者から後継者へ生前贈与された自社株式その他一定の財産を遺留分算定の基礎財産から除外できるという制度です。

除外合意を活用すると、**自社株式の遺留分侵害額請求を未然防止し、自社株式の分散が回避できます**。除外合意は、後継者単独で家庭裁判所に申し立てることができ、手続きも簡素化されています。

「固定合意」とは、生前贈与株式の評価額をあらかじめ固定できる制度です。

生前贈与後、株式価値が後継者の経営努力によって値上がりした場合でも、遺留分の算定では相続開始時の評価額で計算されてしまいます。つまり、後継者からすれば自分の努力できょうだいたちの遺留分を引き上げたことになるので、会社経営の意欲を低下させてしまう可能性があります。

こうしたことから経済産業大臣の確認を受けた後継者は、遺留分権利者全員との合意内容について家庭裁判所の許可を得ることで、遺留分の算定を、生前贈与株式の「当該合意時の評価額」で固定できるという制度です（左ページの図参照）。

固定合意を活用することで、相続時に自社株式が値上がりしていても、値上がり分の相続税は考慮しなくていいことになります。

これらの特例を利用するには、現経営者の生前に遺留分の対象となる人全員の合意が必要です。「自社株式以外の資産を相続させる」といった遺産分割案を提示して納得してもらいます。

後継者はその合意から1カ月以内に、合意の内容の合法性の確認を経済産業大臣に申請します。さらに、その確認後1カ月以内に家庭裁判所に許可の申立てを行い、その許可を受けて、はじめて「除外合意」または「固定合意」の効力が認められます。

「遺留分に関する民法特例」の適用を受ける流れ

株式の生前贈与において
推定相続人全員の合意を得る

（1カ月以内に後継者が申請する）

↓

経済産業大臣の確認を受ける

（1カ月以内に後継者が申し立てる）

↓

家庭裁判所の許可を得る

↓

合意の効力が発生

〈特例の適用要件〉

会社……………中小企業者であること。
合意時点において3年以上継続して事業を行っている
非上場企業であること。
先代経営者……過去または合意時点において会社の代表者であること。
後継者…………合意時点において会社の代表であること。
現経営者からの贈与等によって株式を取得したことで、
会社の議決権の過半数を保有していること。

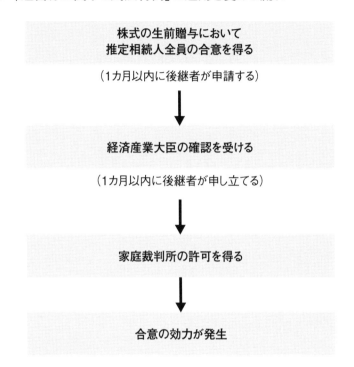

4 争族防止の切札「家族会議」

事業承継士を交えて「家族会議」を開く

もし現社長が家族の同意を得ずに、独断で後継者の決定や財産の分配などすべてを決定した場合は、家族の反発を招いて「争族」やトラブルに発展しかねません。それでは事業承継は「失敗」です。

当然、家族も争いごとを望んではいません。しかし、争いごとになりやすいのが事業承継です。同族企業では、血縁関係があるがゆえに生じる軋轢《あつれき》が大きな問題となる場合が多いのです。そういう意味では、家族は一番近い存在でありながら一番遠い存在でもあるように感じます。

「家族会議」は事業承継を本格的に進めるうえで、家族内のコミュニケーションや意思決定を円滑にするための重要なステップです。経営者の思いや家族それぞれの事業承継に関する意見、考え、不安などを共有することでお互いの理解を深め、事業承継とその後の会社の運営に向けて協力関係を築くことができます。

経営権や財産争いなどで大きなトラブルとならないうちに、主催者である経営者が元気でリーダーシップのあるときに、また一族が集まることが可能なうちに実施しましょう。

家族会議は私のような「事業承継士」が一番必要とされる場面でもあります。

事業承継とは節税対策や争族防止のみならず、会社の理念・儲かる仕組み・独自のノウハウ・企業文化を承継し、後継者によるさらなる成長を図る「全体最適」であり、ゆえに**アドバイスをする者には幅広い知識とノウハウが要求されます。事業承継対策の「全体最適・コーディネート」**に長《た》けていなければなりません。

事業承継士は、これらの諸問題を総合的に解決することのできる幅広い知識とノウハウを保有している唯一の資格者です。相続対策、節税対策にとどまらず、経営方針や事業対策方法を立案し、税理士・弁護士・金融機関といったそれぞれの専門家をコーディネートする立場で、個別最適ではなく全体最適をめざして支援することができます。

家族会議は、事業承継においてもっとも大切な段階といっても過言ではありません。社長交代の混乱を最小限に抑え、争族防止の切り札になるだけでなく、家族の団結力を高め後継者を守《も》り立てていく機会になります。**家族会議は事業承継の本格的な第一歩です。**

家族会議では、以下のような点について決定します。

①事業を承継する後継者の指名

②後継者への事業用資産の集中

③後継者以外への配慮

これらを社長が元気なうちに決定して事業承継時や相続時の混乱を防ぎ、一族の安寧をめざします。家族会議の最大の目的は、**家族の安寧と結束力を高めること**に尽きます。それぞれについて解説しましょう。

〈事業を承継する後継者の指名〉

後継者を指名する場として、家族会議は力を発揮します。後継者を指名する際、後継者に対する家族の想いや考え方を知ることは、今後の要らぬトラブルを未然に防ぐ効果があります。

後継者として指名を受けた人は、この先の重責を担う覚悟をし、この日から本格的な準備に入ることができます。後継者が家族に対して所信表明し、「自分が継ぐのだ」という覚悟が決まるとその後の姿勢も変わってきます。

〈後継者への事業用資産の集中〉

後継者を指名して会社を任せるということは、シンプルに言えば「後継者に株式を渡す」ということです。後継者に株式を集中させるのが経営上の望ましいことだとしても、後継者以外の家族にとっては理解できないことでもあります。

家族会議で後継者に株式を集中させる必要をしっかりと理解してもらえなければ、のちのちトラブルになりかねません。株が分散すれば経営に支障が出てくるのは言うまでもないことです。後継者に集中させなければならないのは株式だけではありません。事業資産もすべて後継者に相続させなければなりません。

POINT
▼

母親の愛情への配慮

複数の子がいる場合に留意すべきことがあります。母親の愛情です。

後継者や会社に入る者は、子の中から1人がベストであり、株式や事業用資産を後継者に集中させなければなりません。そういった意味では理想的な家族関係と経営は別物です。しかし、父親と母親は根本的な価値観が違います。頭ではそれ（後継者に資産を集中させること）がわかっていても、理性的に解決できないこともあります。

母親からすれば子は「どの子も可愛いので1人を選ぶなんてできない、皆で協力して」という考えがあります。相続すべき財産についても「平等に仲良く」を望むことが多いでしょう。合理的に割り切れないところがあるので、現社長（父親）は時間をかけて母親（妻）を納得させる努力が必要です。

〈後継者以外への配慮〉

株式や事業用資産（不動産など）は後継者に集中すべきですが、経営者の資産の大半が株式や事業用資産であることも多く、その場合、後継者以外の会社経営にタッチしない者に対しての相続財産をどうすべきかの問題が残ります。

他の子どもたちには家や現金、保険金を受け取る権利などを与えてバランスをとらなければなりません。家族会議では、当社株式の法定遺留分の除外を承認してもらうことも重要になります。

家族会議の上手な進め方

家族会議のおもな目的は次の3つです。

①正式な後継者の指名と、そこから事業承継の加速をめざすこと。

②社長交代の混乱を最小限に抑え、事業の安定経営をめざすこと（将来のリスクヘッジ）。

③将来のリスクヘッジに向けて合意文書を作成し承認（記名捺印）を得ること。

とくに、③の内容や決定事項は口頭でのやり取りだけでなく、あとで言った言わないの話にならないように、議論や決定事項は文書化します。合意事項を明確にし、後継者や関係者が納得したうえで進めることが重要です。

家族会議は、株主総会に代わる一族の重大事項を決定する機関であり、会社の今後を決める重要な儀式です。また、後継者に事業承継の意識づくりを行う場です。そういう意味から、場所として会社の会議室を活用したり、式次第と進行役、資料も準備し、ややフォーマルな場にすることも重要です。

１６９ページは、家族会議の式次第の一例です。参考にしてください。

家族会議を実施するに当たっては、その場の会議ではじめて話をして決めていくよりは、会議が始まるまでにじっくりと考えを整理し、それを事業承継計画書に落とし込み、また必要書類などを準備しておくことが肝要です。関係者には事前に根回しして、ある程度の結論に導いておくことも家族会議を成功させるうえでは重要です。

家族会議の参加者として、子どもたちの配偶者が加わるケースもありますが、できれば相続人だけに絞るのがよいでしょう。相続人でありながら参加できない人には、委任状や持ち回り議決を得ておくことも必要です。

家族会議の基本ルール

家族会議は、ときに感情的になり、他の意見を遮るようなことも起きるリスクの高い会議です。そのため、ルール（約束事）を設定し、あらかじめ参加者で確認しておきます。

たとえば、発言者の話は最後まで聞き、受け止める、冷静に話し感情的にならない、話がまとまらないときは「円滑な事業承継と今後の安定的な経営の確立」という会議目的に立ち戻るといった点などを確認し、出席者全員が安心して話せる場をつくります。

家族会議の重要性を理解したうえで実施したにもかかわらず、「考えについて理解してもらえなかった」「税金面、具体的な事業承継の進め方など、その場で質問に答えられないことも多々あった」「感情的なやり取りとなり、冷静に話をすることができなくなった」「何度か家族会議を開いているが、結論が出ない」といった声を聞きます。

家族会議は運営が難しいものです。進め方を失敗すれば、家族の同意を得られず、事業承継が暗礁に乗り上げてしまうこともあります。冷静な議論と意見交換を促進することが重要です。

家族会議では、異なる意見や懸念を尊重しながら最良の結論を導かなければなりません。また、事業承継は法務、税務、財務など専門的な知識が必要となり、家族会議の場で専門的な観点からの回答も求められます。

先に事業承継士などの専門家を交えることを提案しましたが、家族だけで行うことに不安がある場合は、事業承継に関する専門知識があり、かつ家族会議運営のノウハウをもっている第三者に同席してもらい、進行してもらうことをおすすめします。

家族会議の式次第（例）

1	開会宣言
2	家族会議の趣旨説明
3	家族会議のルール説明
4	会社と株式・個人資産の現状報告
5	議案提出 第1号議案：後継者の指名 第2号議案：株式の贈与と買取り 第3号議案：法定遺留分の除外の同意書作成 （後継者以外の相続人に対する財産平衡の措置についても） 第4号議案：後継者の肩書、権限、責任分担、報酬 第5号議案：代表交代の時期、スケジュールについて （事業承継計画書の説明）
6	採決
7	決意表明
8	書面作成
9	閉会の辞

専門家が、「なぜそういうことが必要になるのか」を伝えることで、家族が冷静に判断できるようにもなります。「家族同士では直接聞きづらいこと」も第三者の専門家なら聞けますし、しっかり結論を出すために、家族の対話を促進する事業承継士などファシリテーターの存在が必要です。

第7章

株式購入・納税の資金をどうするか

1 「納税資金不足」で悩む後継者が多い

事業承継税制を活用する

家族会議で後継者の指名も終わり、正式に後継者が決定すれば、事業承継対策が本格的に進み出します。ここで事業承継を控えている後継者や経営者にとって大きな悩みの一つが、会社の株式を移転する際に発生する「資金不足」です。

具体的には、後継者が株式を買い取るのであれば株式購入資金が必要になり、贈与や相続によって株式を移転するのであれば贈与税・相続税の納税資金が必要となります。

とくに株価が高止まりしていると、承継の際に発生する贈与税・相続税は数千万円、数億円になることもあり、納税資金の用意が不十分な後継者は困った状況に追い込まれてしまいます。

相続税は、被相続人が死亡したことを知った日（通常は被相続人の死亡日）の翌日から、10カ月以内に納めなければなりません。そのため、後継者が負担しなければならない現金をどうやって用意するのかという問題も、事業承継を控えた後継者、オーナー経営者の悩みのタネとなります。

このように、株式移転コストが円滑な事業承継の大きなハードルになっていることから、後継者に対して、一定の要件を満たせば贈与税・相続税が猶予されるという制度（事業承継税制）があります。

近年とくに注目されているのが、法人版事業承継税制の「特例措置」です。一般措置では、贈与税は１００％猶予対象となりますが、相続税は80％までしか猶予されません。しかし「特例措置」であれば、いずれも１００％が猶予対象となります。この特例措置は期間が限定されており、適用を受けるには２０２６年３月31日までに「特例承継計画」という書類を提出し、２０２７年12月末までに株式等の承継を行う必要があります。

もし期間が過ぎてしまって特例措置の適用を受けられなかったとしても、従来の一般措置は継続して存在するので、事業承継税制を活用することはできます。

このように、国も円滑な事業承継の実現に向けて各種の支援施策を設けていますが、後継者に株式移転する際の負担を下げるためには、「いかに株価を下げるか」「株式買取り資金や納税資金をどうするか」が基本的な課題となります。

事業承継税制の一般措置と特例措置

	一般措置	特例措置
事前の計画策定	不要	特例承継計画の提出 2026年3月31日まで
適用期限	なし	10年以内の贈与・相続等 2027年12月31日まで
対象株数 (議決権株式に限る)	総株式数の 最大3分の2まで	全株式
納税猶予割合	贈与:100% 相続:80%	100%
承継パターン	複数の株主 →1人の後継者	複数の株主 →最大3人の後継者
雇用確保要件	承継後5年間 平均8割の雇用維持が 必要	弾力化
経営環境変化に対応した免除	なし	あり

2 自社の株価を引き下げる方法

株価を引き下げる3つの方法

事業承継に際して行うべき自社株対策には、大きく2つがあります。

①事業承継における後継者の議決権シェアを守る（株式シェア対策）。
②相続税を抑えるために自社株の評価額を下げる（株価対策）。

株式シェア対策は第６章で解説しましたので、ここでは「株価対策」を解説します。

事業承継対策を本格的に進めていくなかで、「思っていた以上に、自社株の株価評価が高い」という声をよく聞きます。現状の業績が悪くても過去の業績がよく、保有する資産があれば、「自社株の株価がかなり高い」と感じることになります。

贈与税と相続税は、自社株式の評価額に対して課せられるので、評価額が高い場合は、他の財産を現金化したり、借入れをして納税をしなければならない事態に陥ります。

M&Aによる会社の売却を考えているときは、株価を上げる努力をすべきですが、身内や従業員への事業承継では、株価を抑えたいものです。

株価を抑えることで、以下のメリットが生まれます。

・株式の移動が容易になる……株価が低ければ一度に大量の株式を贈与しても贈与税が高くならない（あるいは課せられない）ので、株式を移動させるときに有利です。

・遺留分侵害額請求をされた場合に有利……後継者に自社株式を集中させた結果、他の法定相続人から遺留分侵害額請求をされた場合も、財産総額が圧縮されるので後継者の負担は少なくなります。

では、どのように株価を引き下げるか。次の3つの方法があります。

（A）会社価値を下げる

（B）発行済株式数を増加させる

（C）評価方式を変える（会社規模を大きくする）

株価は、会社価値／発行済株式数で決まるため、株価を引き下げるには、（A）分子の会社価値を下げるか、（B）分母の発行済株式数を増加させます。それぞれの具体的な方法を示しましょう。

（A）会社価値を下げる

①役員退職慰労金を支給する……より効果的なのは、借入れをしたうえで支給する、あるいは、含み損のある資産を役員退職慰労金の代わりに現物支給することです。

②大型の設備投資を行う……借入れをしたうえで設備投資を行うとより効果的です。
③含み損のある有価証券や土地を売却する……上場会社の株券、ゴルフ会員権、リゾートマンション・別荘など、含み損のある有価証券を売却します。購入した土地が簿価よりも値下がりしている場合は、土地を売却して譲渡損を出します。
④含み損のある資産、会社を購入する……ただし、繰越欠損金をもつ会社を購入するときは、租税回避行為と認定される場合もあるので注意が必要です。
⑤不良在庫を処分する……返品、処分セール、ネットオークションなどを駆使して処分すると、ほとんどのケースで仕入れ原価よりも低い売価しかつかないため、損失が出ます。
⑥不良資産の売却損・除却損を計上する……売れない資産は処分して除却損を立てます。
⑦配当金を引き下げる……配当は株価計算の一つである類似業種比準方式の構成要素です。配当を抑えると株価が下がります。実務上は、普段の配当を抑えて、５年に１度などの記念配当で多めに配当し、配当金総額を変えない方法があります（記念配当・特別配当は評価に含めなくてよいため）。
⑧オペレーティングリースを行う……匿名組合への出資後に一時的に大きな損失を計上することで株価を引き下げることができます。

⑨不動産小口化商品を購入する……現物不動産の保有者となれば、相続税評価額の圧縮効果が得られます。実物の不動産投資と変わりませんが、不動産小口化商品であれば、リスク分散や、1口単位で相続人に分けられるため、相続人間での不公平が起きにくくなります。

⑩生命保険を活用する……2019年の通達改正により、一部の保険商品を除いて短期間での株価引き下げ効果の有効性が著しく低下しました。一部の保険商品とは、保険積立金の額と比べて解約返戻金の額が大幅に低い「低解約返戻金型保険」です。たとえば1億円の保険金を積み立てた場合でも、解約返戻金が当初3年間は3000万円しかないというタイプのものがあります。相続税上の評価は解約返戻金の額によってなされますから、当初3年間は「含み損」が7000万円発生することになり、その期間に株式を贈与するのです。

(B) 発行済株式数を増加させる

①中小企業投資育成㈱に出資してもらう……中小企業投資育成㈱は、政府系のベンチャーキャピタルです。投資育成に第三者割当増資を割り当てることで株価を引き下げます(特殊な算式によって計算された株価に基づいて出資されるため、株価が下がります)。ただし、投資育成は配当を期待するため、それなりにコストがかかることに注意が必要

です。

②従業員持株会に株式を持ってもらう……従業員持株会に第三者割当増資（あるいは売却）を行います。従業員に株主総会での議決には加わらせたくない場合には、無議決権株式にして配当率を高めにするような株式設計を検討します。

（C）評価方式を変える

株価の評価方式を変えて株価を下げる方法には、次の3つがありますが、詳しくは次項で説明しましょう。

①大会社のほうへもっていく……会社規模が大きくなるほど、低い株価が算出される類似業種比準価額方式の採用割合が高くなりますから、結果的に株価が下がります。

②高収益評価部門を子会社として切り離す……類似業種比準方式であれば、収益部分の要素が低くなります。

③高収益評価部門を別会社として完全に分離する……後継者を株主とする持株会社を設立し、そこに高収益・高評価部門を事業譲渡するか、もしくは、高収益・高評価の本体会社の株式譲渡によって別会社として完全に分離します。

3 株価を低く抑えられる計算方式を選ぶ

▼会社規模によって方式が変わる

上場企業は市場によって株価が決まりますが、非上場企業の場合は市場で取引されていないため明確な株価はありません。そこで、事業承継においては、「**どのようにすれば承継や株式集約時の税金が減らせるか（株価評価を下げられるか）**」に関心が向きます。

日本の相続税の最高税率は55％で、世界的にも高いことで知られています。自社株を評価する株価算定は相続税に大きく影響するため、自社株の評価が高い状態での事業承継は後継者にとって大きな負担となります。

非上場企業の株式の評価方法は数種類あり、株価計算も複雑です。具体的な株価算定は専門家に依頼するにせよ、経営者として株価算定方法の特徴をつかんでおくことは、円滑な事業承継に向けて重要です。

まず株式の売り買い（譲渡）の面では、株式の売り手と買い手が合意すればいくらで売買しても一向に構いません。ただし税金問題が発生します。

税務当局が「適正株価の計算方法」を定めており、それに基づいた株価で取引しなかった場合（適正価額より安く取引した場合）は、その差額が贈与とみなされて課税されることになります。

内部留保などをコツコツ積み上げてきた会社では、株価が気づかないうちにとんでもない金額となっていることが少なくありません。この状態で株主が亡くなると相続人は莫大な評価額で株式を相続することになります。場合によってはとても払いきれない税額になることもあります。

非上場企業の適正株価を算出する評価方法を原則的評価と呼び、原則的評価のなかに「純資産価額方式」と「類似業種比準方式」、この2つの「折衷方式」があります。

純資産価額方式は、資産を時価評価し直したうえで、負債を引いたいわゆる時価純資産に着目する株価算定方式で、過去に土地を購入していた場合は注意が必要です。その後に莫大な含み益が発生していることがあり、その分を時価に換算して計算し直す必要がありま す。こうしたケースでは純資産が多くなり、現在は業績が落ち込んで赤字体質であっても、株価は高いという現象がよく起こります。

類似業種比準方式は、上場している類似業種の株価と比較して値付けされる株価です。これは、株式相場の上下に影響を受ける一方で、自社の時価の変動の影響は受けない点が特徴です。純資産価額方式に比べて、株価が低く計算されます。

一般に、純資産価額方式のほうが類似業種比準方式に比べて、数倍～10倍以上高く計算されるケースがほとんどですから、経営者としては類似業種比準方式で計算したいところですが、計算方法（どちらか選択するか、折衷させるか）は会社の規模を基準に決まります。

会社規模は5つに分けられています。大きい規模の会社から「大会社」「中会社の大」「中会社の中」「中会社の小」「小会社」です。従業員が70名以上であれば自動的に「大会社」と判定されます。

69名以下の会社は左ページ上段の表で区分を判断します。
①「総資産価額」と「従業員数」の関係で選んだ会社規模（どちらか低いほう）
②「年間の取引金額（売上規模）」によって判定した会社規模
この①と②を比較して、いずれか大きいほうの会社規模で判定されます。

折衷配分は左ページ下段の表のとおりです。

大会社は類似業種比準方式を100％採用でき、以後、規模が小さくなるにつれて類似業種比準方式を採用できる割合が低くなっていきます。したがって株価を低く抑えたいのであれば、大会社のほうへ会社を成長させる必要があります。

大きいほうの区分で判定される

①②を比較して大きいほうの会社規模で判定

会社の規模		① 総資産価額（帳簿価額） 卸売業	小売・サービス業	その他の事業	従業員数	② 年間の取引金額 卸売業	小売・サービス業	その他の事業
大会社					70人以上			
大会社		20億円以上	15億円以上	15億円以上	35人超	30億円以上	20億円以上	15億円以上
中会社	大	4億円以上 5億円未満	5億円以上 15億円未満	5億円以上 15億円未満	35人超	7億円以上 30億円未満	5億円以上 20億円未満	4億円以上 15億円未満
中会社	中	2億円以上 4億円未満	2.5億円以上 5億円未満	2.5億円以上 5億円未満	20人超 35人以下	3.5億円以上 7億円未満	2.5億円以上 5億円未満	2億円以上 4億円未満
中会社	小	7000万円以上 2億円未満	4000万円以上 2.5億円未満	5000万円以上 2.5億円未満	5人超 20人以下	2億円以上 3.5億円未満	6000万円以上 2.5億円未満	8000万円以上 2億円未満
小会社		7000万円未満	4000万円未満	5000万円未満	5人以下	2億円未満	6000万円未満	8000万円未満

会社区分によって評価方式が異なる

会社区分		評価方式
大会社		類似業種比準方式 または　1株当たりの純資産価額
中会社	大	類似業種比準価額×90%＋純資産価額×10% または　1株当たりの純資産価額
中会社	中	類似業種比準価額×75%＋純資産価額×25% または　1株当たりの純資産価額
中会社	小	類似業種比準価額×60%＋純資産価額×40% または　1株当たりの純資産価額
小会社		類似業種比準価額×50%＋純資産価額×50% または　1株当たりの純資産価額

株主の立場によって方式が変わる

非上場企業の場合、株価計算が難しいと言われるポイントがもう一つあります。株主の立場によって株価算定方式が変わる点です。

株式シェアの低い株主が保有する株は、原則的評価ではなく、特例的評価と呼ばれる「配当還元方式」で算定されることがあります。

評価しようとしている株主、もしくは新しく株主になる人の立場（取締役かどうかなど）、血縁関係、株式シェア、さらには同族株主がいるかどうかなどによって原則的評価なのか、特例的評価なのかを判定しなくてはなりません。

特例的評価方法（配当還元方式）を採る株主とは、以下のとおりです。

〈同族株主のいる会社の場合〉

・その会社において同族株主以外の株主である。

・同族株主のうちいずれかの同族株主グループのなかに「中心的な同族株主」がいる場合における中心的な同族株主以外の同族株主で、株式取得後の持株割合が5％未満であり、かつ役員でない。

〈同族株主のいない会社の場合〉

・その会社の課税時期における株主の１人およびその同族関係者の持株割合の合計数が15％未満である。

・その会社の株主のうち、「中心的な株主」がいて、株主の１人およびその同族関係者の有する株式の合計数が、その会社の発行済株式数の15％以上である場合における株主で、株式取得後の持株割合が５％未満であり、かつ役員でない。

なお、「同族株主」とは、株主の１人およびその同族関係者の議決権割合の合計が50％超となる場合におけるその株主グループ（50％超のグループがない場合は30％以上の株主グループ）に属する株主をいいます。

「同族関係者」とは、親族（配偶者、６親等内の血族、または３親等内の姻族）や関係法人（その株主等の持株割合が50％超である法人）などです。

「中心的な同族株主」とは、同族株主のうち、その株主の１人、その配偶者、直系血族、兄弟姉妹および１親等の姻族（これらの者の関係法人を含みます）の有する議決権割合の合計が25％以上となる場合におけるその株主をいいます。

「中心的な株主」とは、同族株主のいない法人の株主の１人およびその同族関係者の議決権割合の合計が15％以上である株主グループのうちに、いずれかのグループに単独で10％以上の割合の議決権を有している株主がいる場合におけるその株主をいいます。

4 後継者の株式購入・納税の対策

死亡退職金・弔慰金を支給する

社長が亡くなって相続が発生したとき、後継者（子）は原則として10カ月以内に相続税を現金で一括納付しなければなりません。

株式や事業用資産を引き継ぐ後継者は、多額の相続税を納めることになりますが、納税資金を確保するにも、非公開会社のため会社の株は簡単には売却できず、事業用の不動産もその後のビジネスを考えれば容易には手放せません。

したがって、相続税などの納税資金をどのように確保するかは、経営者、後継者にとって大きな懸念事項となりますから、あらかじめ検討しておく必要があります。

会社に現預金の余裕がある場合は、「死亡退職金」を後継者に支給し、それを相続税の納税資金に充てることが考えられます。

死亡退職金には「500万円×法定相続人の数」の非課税枠があり、遺産分割の対象にならず、あらかじめ指定された後継者が固有の財産として現金を受け取ることができま

生前退職金と死亡退職金

区　分	受取人	受取人控除額・非課税枠
生前退職金	本人	所得金額：（収入金額−【退職所得控除額】）×1/2 （役員としての勤続年数が5年以下の法人役員等に支払われる退職金には「×1/2」が適用されない） 【退職所得控除額】 ①勤続年数20年以下： 40万円×勤続年数（80万円未満の場合は80万円） ②勤続年数20年超： 70万円×（勤続年数−20年）+800万円 障害退職の場合は、上記+100万円
死亡退職金	遺族	非課税枠：500万円×法定相続人の数
弔慰金	遺族	非課税枠： ①業務上の死亡：死亡時の普通給与の3年分 ②業務上以外の死亡：死亡時の普通給与の半年分

す。

弔慰金についても、業務上の死亡であれば死亡時の普通給与の36カ月（3年分）、業務上以外の死亡であれば死亡時の普通給与の6カ月分が非課税の相続財産となります。

一方で、社長が生前に役員退職金を受け取ると課税されるうえ、役員退職金を受け取った分だけ（手元に残っていれば）財産が増えるので、相続税の負担も増加します。

役員退職金（生前退職金）の残金が先代社長の手元に残っていても、相続税の課税対象となることを考えると、死亡退職金・弔慰金として受け取るほうが課税上のメリットが大きいと考えられます。

死亡退職金を受け取るには、退職金制度とは別に死亡退職金制度を設けていることが必要です。

死亡退職金が支払われるタイミングについては、会社の規定によって異なりますが、一般的には1~2カ月で、どんなに遅くても半年以内です。

死亡退職金を受け取ることができる人は、規定のなかで定義づけされている可能性があります。規定されていれば、その規定に従うことになり、規定されていない場合は、法定相続人が受け取ることになります。

「生命保険」を死亡退職金の原資にする

会社に現預金の余裕がない場合は、死亡退職金の原資をどう用意すればよいでしょうか。その場合は、「生命保険」を死亡退職金の原資にすることを考えます。

生命保険は、被保険者を社長、受取人を会社として加入します。そしていざ相続が発生したら、会社は受け取った生命保険金を遺族に対して死亡退職金として支払います。

会社で生命保険に加入した場合、万一の死亡の場合は死亡保険金を死亡退職金の原資にすることができるだけでなく、解約返戻金(もしくは満期返戻金)を生前(勇退)退職金に充てることもでき、2種類の退職金の原資を準備することができます。

一般に役員の退職金は、以下の3つの要素を用いて計算されます。

役員最終報酬月額　×　役員在籍年数　×　功績倍率

・最終報酬月額：退職する前月の報酬金額
・役員在籍年数：役員であった年数
・功績倍率：役職別の功績の度合い

生命保険については以下の点に注意します。

①会社が死亡した代表者を被保険者とする生命保険を契約し、多額の死亡保険金が会社に支払われたとしても、支払われた死亡退職金額の全額が税法上適正な役員退職金となるわけではありません。

②「退職慰労金支給規定」などの社内規定がない場合は、株主総会において決議する必要があります。もし、決議を得ていないにもかかわらず不当に退職金を受け取った場合、無効として返還を求められるおそれがあります。

相続株式の一部を会社に売却する

会社に現預金の余裕があり、また財務体質もよければ、後継者（相続人）が相続した株式を会社に買い取ってもらい（会社がその購入代金を相続人に支払う）、その譲渡代金で後継

納税資金対策

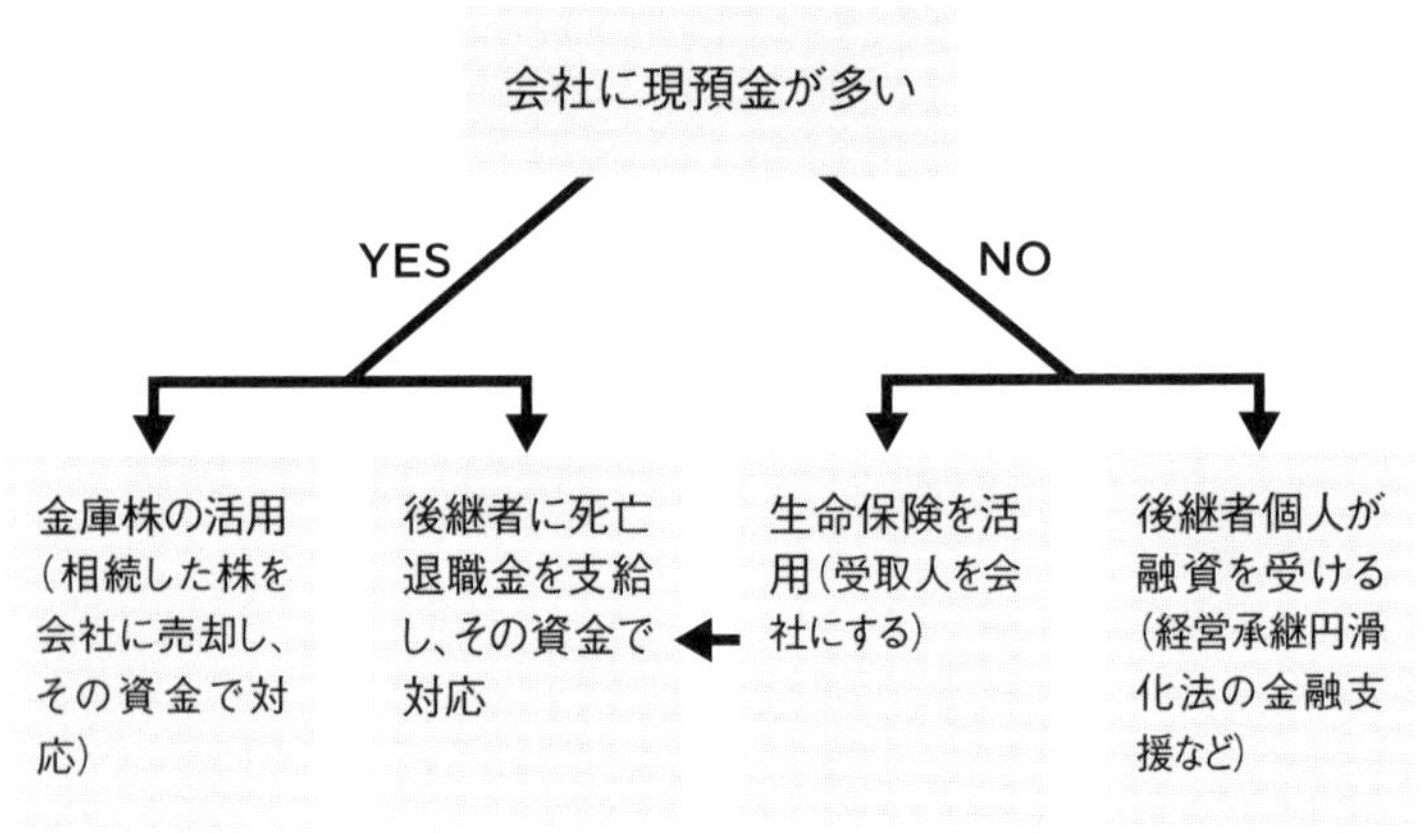

者は相続税を納めるという方法があります。

もちろん後継者が会社に買い取ってもらう株数は、経営権に問題がない範囲内（他の株主と支配権で問題にならない範囲）でなくてはなりません。

会社が保有する自社株式を「金庫株」と呼びますが、相続の発生後3年10カ月以内に、相続人が金庫株を行う（相続した株式を会社に買い取ってもらう）ことで恩恵もあります。

相続開始前に金庫株を行うと「みなし配当課税」といって、給与や不動産収入と合算されて累進課税の対象となります。

相続税の最高税率は55％（住民税10％込）なので、金額が多ければ半分近く税金となりますが、相続で取得した株式をその相続人が金庫株を行えば、一定の要件を満たした場合は譲渡益部分に対して20・315％の課税だけとなります。

金庫株は、現金を流出させて純資産（自己資本）を減らすことになるので、財務体質を弱体化させます。無条件、無制限に自己株式の取得（金庫株）を許すと、会社財産を棄損し、債権者に損害を与えるおそれがあるため、「財源規制」と「手続き規制」が設けられています。

「財源規制」は、分配可能額の範囲内での自己株式の取得となっており、「手続き規制」は後継者からの自己株式の取得を「特定の株主からの取得」としてより厳格な要件を加えています。株主総会の特別決議が必要で、かつ全株主に売主追加請求を行使できる旨を通知しなくてはなりません（153ページ参照）。

会社に現金がなければ、当然ながら自社株式の買取りはできませんから、法人保険に加入することで会社に納税資金を貯めておく必要があります。

納税資金の「融資」を受ける

後継者個人や会社の資金需要に対して、国は「中小企業における経営の承継の円滑化に関する法律」（経営承継円滑化法）の認定を受けることを前提に、融資と信用保証の特例を設け、以下の資金需要を支援しています。

・自社の株式や事業用資産を買い取るための資金
・相続や贈与によって自社の株式や事業用資産を取得した場合の相続税・贈与税の納税資金
・これからM&Aにより他社の株式や事業用資産を買い取るための資金
・現経営者の保証が付されている借入れを借り換えるための資金（経営者保証は不要）
さらに、「経営承継円滑化法」の認定（都道府県知事の認定）を得れば、以下のような国が用意する制度融資を利用することができます。
・融資……事業承継の際に代表者個人が必要とする資金について、日本政策金融公庫、または沖縄振興開発金融公庫の融資制度を利用することができます。
・信用保証……会社および個人事業主が事業承継に関する資金を金融機関から借り入れる場合には、信用保証協会の通常の保証枠とは別枠が用意されています。
なお、都道府県知事の認定とは別に、金融機関や信用保証協会による審査があります。

納税資金が用意できないとき

現預金や換金できる資産が見当たらず、また金融支援も受けられない相続人の場合は、以下の対応が考えられます。

・延納：５～20年以内の分割払いで納める。
・物納：土地などの現物で相続税を納める。
延納の場合は１回あたりの負担は軽くなりますが、延納期間中に利子税が発生します。
物納は延納が困難なときの選択肢ですが、対象となるのは相続した財産だけで、以下のような優先順位が決められています。
第１順位：不動産、上場株式や国債・地方債などの有価証券、船舶
第２順位：非上場株式など
第３順位：貴金属などの動産
ただし、本来の価値よりも低く評価される可能性が高いと言われます。
相続税は税率の高い税金なので納税資金対策はとくに重要です。財産の所有者の存命中は選択肢も多いのですが、相続発生後は限られた期間内で対応する必要があります。スタートが遅れると申告期限に間に合わなくなり、延滞税や追徴課税などのペナルティが科されることもあるので、時間を要する対策は選択できないかもしれません。

5 生前に財産を移転しておく

「暦年贈与」と「相続時精算」

生前贈与は、現経営者の生前に後継者への財産移転を確定するもっとも確実な方法です。「暦年課税制度」と「相続時精算課税制度」の2つの方法があります。

「暦年課税制度」はいわゆる暦年贈与のことで、よく知られた一般的な生前贈与方法です。年間110万円までであれば、贈与税がかからず株式などの移転ができます。

年間110万円を超える部分に贈与税がかかり、金額が大きくなるほど税率も高くなる累進税率のため1年で大きな贈与を行うことはできませんが、長期間にわたって計画的に活用することで大きな効果を得ることができます。

POINT

令和5年度税制改正①

生前贈与された財産は、相続の発生時に相続財産に含まれないため、相続税の節税につながります。しかし、亡くなる直前に贈与をすれば、その相続税の負担を逃れることができてしまうため、これまでは相続開始前3年以内に贈与された財産は、贈与がなかったものとして相続財産に含められました（「持ち戻し」といいます）。

持ち戻しの対象が、令和5年度の税制改正によって、これまでの相続開始前3年以内から7年前に拡大されました。新たに対象となった4年間の贈与については、合計100万円の非課税枠が設けられています。

「相続時精算課税制度」は、現経営者が生前に後継者に一気に自社株式の贈与をしたい場合に検討されることの多い方法で、自社株の早期移転に有効です。

たとえば、自社株式の評価額1億円の場合、1回でそのすべてを後継者に贈与したいと考える場合、相続時精算課税を用いれば、110万円の基礎控除と2500万円の特別控除があり、それを上回る額については一律20％の税率であるため、この場合は1478万円の贈与税となります。

（1億円－110万円－2500万円）×20％＝1478万円

先の暦年贈与は、基礎控除額が少なく（年間110万円）、これを超えれば累進税率によって贈与税がかかりますので、大きな金額を一度に贈与した場合には、後継者は多額の贈与税を負担しなければなりません。このケースであれば、約4800万円の贈与税となります。

（1億円－110万円）×55％－640万円＝約4800万円

このように相続時精算課税は非課税枠が大きく、その額を超過しても20％の税率なので、比較的多くの自社株を早期移転させることができます。ただ、注意したいのは、**「自社株式をこの相続時精算課税制度で贈与しておけば節税になる」と単純に考える**ことです。

間違いなく早期に自社株式を移転できますが、節税になるかどうか（得かどうか）は、正直なところわかりません。大きな金額を一気に贈与できるので便利な制度のように見えますが、「相続時精算」という名前のとおり、相続発生時にはこの相続時精算課税制度を使って贈与した財産（先のケースであれば贈与時の自社株1億円）を相続財産に加えて相続税を計算しなければなりません。

そのため、単に税金の支払いを相続発生時に先送りするだけで、「節税にならないのではないか」と見えることもあるわけです。また一度、相続時精算課税制度を使うと、暦年課税制度は活用できなくなることにも注意が必要です。詳しく説明していきましょう。

POINT ▼

令和5年度税制改正②

令和5年度税制改正では、相続時精算課税制度に年110万円の基礎控除が新たに

暦年課税制度と相続時精算課税制度

令和6（2024）年1月1日以降の贈与

	暦年課税制度	相続時精算課税制度
贈与者	誰でも可	60歳以上の父母や祖父母
受贈者	誰でも可	18歳以上（＊1）の子や孫
制度の選択	選択制なし	受贈者ごとに選択
基礎控除等	毎年110万円の基礎控除	毎年110万円の基礎控除 その他生涯で特別控除額2500万円
控除額の計算	贈与財産額－110万円	贈与財産額－110万円－特別控除額
税率	**18歳以上（＊1）の子・孫等（特例税率）** 上記以外（一般税率）**10%～55%**の 累進課税	**一律20%**
申告の必要性	110万円を超えると申告が必要	**110万円を超えると申告が必要**
届出の必要性	届出不要	最初の贈与を受けた年の 翌年2月1日から3月15日までの間に 届出が必要
相続時の取扱い　生前贈与の加算	**相続開始前3～7年以内の贈与**は 相続財産に加算される（＊2）	毎年110万円超の部分の金額は**過去にさかのぼって**相続財産に加算される
相続時の取扱い　贈与税額控除	贈与税額は相続時の相続税から控除（控除しきれない贈与税額の還付なし）	贈与税額は相続時の相続税から控除（控除しきれない贈与税額の還付あり）

＊1 年齢はその年1月1日で判定。
＊2 相続または贈与により財産を取得した者に限る。
令和9（2027）年1月1日以降の相続等から順次加算期間が延長され、令和13（2031）年1月1日以降の相続等から加算期間が7年になる。相続開始前3～7年の贈与財産は、財産価額の合計額から総額100万円を控除。

設けられました。基礎控除内で贈与された財産の額は持ち戻しの対象とはならず、相続税が課されません。

「相続時精算」が有効な場合

自社株式の価値が今後間違いなく上がりそうな場合には、相続時精算課税制度での株式贈与が有効です。

相続時精算課税制度を利用した場合、相続時ではなく贈与時の時価で評価されますから、自社株式の価値が、相続時にさらに上昇すると見込まれる場合には、相続時精算課税制度を活用した生前贈与を行うのが有効です。

〈得するケース〉

贈与から相続が発生するまでの間に間違いなく上がりそうな場合は、財産の評価額を贈与時の低いままで固定できるため、結果的に納税額が減ります。贈与時1億円の株式が値上がりして相続時に2億円になっていても、1億円の評価額で計算できます。

〈損するケース〉

自社株式が贈与時の価値よりも将来値下がってしまう場合は損になります。贈与時1億円の株式が値下がりして相続時には5000万円になっていても、贈与時の1億円で計算されてしまいます。

相続時精算課税制度は、今後株価が下がる場合には損になってしまう制度ですが、たとえば、現社長が退任する際に退職金を支給すると一時的に株価が下がります。そのタイミングで相続時精算課税による贈与を実行すれば、株価が回復したあとに相続が発生しても、贈与時点の低い評価額で相続財産に加算されるため、相続税が節税されることになります。

平均余命から考える

現在の年齢から残り何年生きられるかという期待値のことを「平均余命」といいます（「平均寿命」とは異なります）。

厚生労働省『令和3年簡易生命表』によれば、80歳の日本人の平均余命は男性が約９年で、女性は約12年となっています。もしも80歳から毎年生前贈与して平均余命まで生きた場合、新ルール（相続開始前7年以内の贈与が持ち戻し対象）では男性は２年分、女性は５年分の贈与しか節税につながりません。

平均余命から相続時精算課税制度の選択時期を考えるのであれば、平均余命を7年切った年齢が相続時精算課税制度選択の時期と考えられます。男性は82歳で平均余命が約７年となり、女性は85歳で平均余命が約7年となります。

POINT

令和5年度税制改正③

令和5年税制改正によって、

①暦年贈与を行っても持ち戻しの対象となる期間が大幅に増える

②相続時精算課税制度を利用しても贈与税・相続税の対象にならない金額が発生する

ことになりました。たとえば、相続開始前の10年間に毎年110万円贈与した場合は下の表のようになります。

このように基礎控除内の贈与を行った場合、相続時精算課税制度を利用したほうが、税負担が少なくなります。

相続税の対象金額

相続開始前の10年間に毎年110万円贈与した場合

	暦年課税制度	相続時精算課税制度
贈与税の納税額	暦年課税制度でも相続時精算課税制度でも基礎控除内となるため、贈与税は発生しない。	
相続税の対象金額	相続開始前7年以内の贈与が持ち戻しの対象となる(110万円×7年＝770万円が相続財産に加算)。 ただし、相続開始前3年を超え7年以内に贈与された財産については、合計100万円の非課税枠がある。そのため、持ち戻しの対象となる金額は、770万円－100万円＝**670万円となり、この金額が相続財産に加算される。**	相続時精算課税制度を利用した場合は、基礎控除内の贈与であれば持ち戻しの対象にならず、**持ち戻しの金額はゼロ。**

第8章

短期間で後継者を育て上げる方法

1 後継者教育——社長の心得

最低5年間は外の飯を食わせる

社長にとって後継者を育てることは初めての経験です。とくに創業社長の場合は一つひとつの経験をとおして経営を学んできていて、体系的に知識やスキルを学んだわけではないでしょうから、後継者に何をどう教えればよいかわからないのは当然です。

そのため、自身が経験してきたように、後継者と一緒に仕事をする時間を長く設けて「横で見てやり方を盗め」という職人的な教育方法になりがちです。しかし、それでは時間がかかりすぎます。

「人が育った」という同じ結果でも、「たまたまその人の資質がよく、いつの間にか勝手にできるようになっていた」と、「意図的かつ戦略的に確実に教育指導して育った」では異なります。実際には、そのほとんどが前者であるように感じます。

ここでは、後継者教育の失敗を他山の石として、どのように戦略的に後継者教育をしていけばよいのかお伝えしていきます。

［失敗１］大学卒業後にすぐに親の会社に入社

大学を卒業して、そのまま親の会社に入社。周りの先輩社員たちは、社長の息子ということもあって教育や指導に遠慮がちで、目をつぶることもしばしばでした。会社には体系的な教育プログラムがなく、また甘えもあって、いつまでたっても後継者としてはおろか、社会人としても不安要素が残ったまま。

先輩や上司の指示に従わないこともあり、社内や取引先から「この後継者で大丈夫か」という声が広がる事態に。結果、後継者候補の息子は孤立してしまいました。


後継者（子）が大学を卒業してすぐに親の会社に入社するのはいただけません。教育能力は大手企業と中小企業では雲泥の差があります。社会人としてのマナーや仕事の進め方から、各種スキル習得など大手企業には中小企業にはないノウハウが蓄積されています。そのノウハウを学ばせるためにも、まずは大手企業に入社させるのです。

大手企業であれば同期も多いので、後継者にとっても仲間づくりにつながります。また、いずれ多くの社員を使う立場になるのですから、若いうちに使われる立場を経験させておかなければなりません。

本当の意味で「使われる経験」をするのは、社長の息子として、上司や先輩社員から遠慮や忖度が発生する親の会社では難しいものです。家業の川上や川下の業界に入社して、将来社長となる会社がどう見えるのかを知ることもよいでしょう。他業界や業種を深く知るという点では、金融機関やコンサルティング会社などに入社するのも有意義です。

外の会社でチームリーダーや管理職を経験して、リーダーシップやマネジメントの難しさを知っておくのも重要です。会社員となって本当に悩み出すのは管理職の立場になってからです。

後継者は、最低5年間は他人の飯を食うべきです。これは子よりむしろ親の辛抱の問題です。社長である親は、最低5年間は修業だと思って辛抱しなければなりません。

待遇面で特別扱いしてはならない

［失敗2］入社後すぐに取締役にして高給を与える

業界大手の企業に10年勤務し課長を務めていた息子が会社に入ってきました。父親である社長はすぐに、「取締役」の肩書と、安くない役員報酬を与えました。それ以外に会社経費の使用も必要に応じて認めました。

ところが、周りの社員は、会社に入って間もない息子の上から目線の指示や態度に嫌気が差し、陰で不満と文句が横行し、モチベーションも風土も悪化する事態となりました。これまで長く会社を支えてきていた幹部も、息子だけでなく社長に対しても不満をもつようになり、退職者が続発しました。

たとえ機が熟して子が会社に入っても、決して厚待遇で迎えてはいけません。

「大きな会社を経験してきたのだから、管理職や取締役の肩書きをつけてもいいだろう」という考えは間違いです。給料の特別扱いはもってのほかで、周りの社員が不満を感じるのはもちろん、本人もそれだけの実力があるものと勘違いします。

大手企業で学んできたとしても、一般の中途入社の人と同じ待遇で入社させ、実力の発揮度合いで段階的に上げていかなければなりません。役職を与えるのは簡単でも、降格は困難です。後継者として不適格ということがわかってから降格させることは困難で、経営者を悩ませる種となります。

失敗をさせないと本当の力はつかない

［失敗3］業績回復まで事業承継を先に延ばす

社長（創業者）が75歳となり、後継者候補の息子も50歳となっていました。以前、社長は「自分が70歳（息子45歳）になったら社長を交代する」と周囲に言っていましたが、いまだ社長交代は実現していません。

業績がなかなか上向かない状況もあって「まだまだ後継者は頼りない、今任せるともっと業績が悪化する」ということで、社長は重要な商談や、社内の制度設計もすべて自分で検討し決定していました。「もう少し育ってから」と社長は言いますが、いったいいつまで世代交代が先延ばしになるのでしょうか。

事業承継の失敗は会社の存続に関わることもあり、とくにゼロから会社を大きくしてきた創業者にとってはどこまでいっても心配なものです。しかし、「社長交代はもう少し育ってから」と心配ばかりしていると、世代交代がズルズル先延ばしになります。

社長が後継者を頼りなく感じるのは当然のことです。それは社長とそれ以外の人間の立場の違いからくる当事者意識の差です。ここで振り返ってほしいのが、現社長は「これまで失敗してこなかったのか」という問いかけです。「失敗などなかった」という創業者はいないはずです。むしろ、これまでの数々の失敗を教訓やノウハウに転じてきたからこそ、力がついてきたのではないでしょうか。

たしかに社長交代して間もなく業績が悪くなり、場合によっては赤字になることもあります。そんな状況を見て会長が再登板するケースも少なくありません。しかし、赤字も後継者の力で解決させなければなりません。でなければ本当の力はつかないでしょう。

人は成功したときに実力がつくのではありません。失敗のあとキチンと教訓を確かめ後始末するときに実力が高まるのではないでしょうか。失敗しなければ実力は高まりません。創業者が、実力を高めるチャンスである大切な失敗の機会を奪ってはいけません。

古参社員との関係も本人に解決させる

［失敗４］息子の上司や先輩社員を転籍させる

現社長（65歳）は自社を創業30年で、社員50名の会社に育て上げました。一緒に創業から支えてくれた幹部や職人も同年代で、社員からは社長と同じように慕われていました。

5年前に2代目社長候補として息子が会社に入り、いよいよ社長交代の時期だとして、後継者がやりやすいようにと、社長は息子の上司や先輩社員を役職定年させたり子会社に転籍させる人事をしました。ところがその頃から、経営陣に対する忠誠心が社員から薄れてきて、古参社員を慕っていた社員の退職が相次いでいます。

後継者が社長になるときは、たいてい社内で影響力のある目上のベテラン社員を部下として抱えることになります。そこで社長は、後継社長が運営しやすいようにと、古参幹部も一緒に引退させたり、降格や子会社に転籍させる人事をすることがあります。

後継者にとっては、今まで上司であり先輩であったベテラン社員が、年上の部下として抵抗勢力となる可能性もありますが、社員たちはこういう処遇を見ると「どこまで社長は後継者を甘やかすのか」と思います。長年働いてきた社員が、社長交代と同時に不遇な扱いを受けるような会社は、人を大切にしない会社ではないでしょうか。このような人事があるたびに社員は会社への忠誠心をなくしていくでしょう。

後継者は、ゼロから始めなくてよいという有利な面もあれば、ゼロから始められない、引き継ぐものがあるという困難な面もあります。その困難な面の一つが古参社員との関係です。後継者にとって重要な仕事であり、乗り越えなければならないものです。古参社員との関係を本人に解決させることは、リーダーシップを磨く絶好のチャンスです。

権限移譲は社長の苦手分野から

［失敗５］後継者の仕事に繰り返しダメを出す

現社長（創業者）は、社長交代を3年後に見据え、本格的に後継者に権限移譲を始めました。しかし、移譲を始めたとたん、後継者との間に距離感を感じるようになりました。これまで自分が担ってきた自社の生命線であり重要な分野の判断を任せたところ、うまくいかないのです。

自社の生命線である部分（自社の強み）とは、創業者が一番得意とする分野でもあります。社長からの度重なるダメ出しに、後継者も自信をなくしてしまい、「自分は継げない」と言い出す事態となってしまいました。

権限移譲は難問です。権限を移譲した以上、その業務では上司の決裁なく部下の判断で決済・進行し、その責任も負わせることになります。

権限移譲は、当事者意識をもって自ら主体的に考え、決断し、業務を遂行していく能力を養うのに有効な手段です。しかしそれは、自分より経験や能力のない人間に判断業務を譲ることになり、後継者だけでなく幹部・管理職クラスでも難しいテーマです。とくにこれまで一から十まで社長がこと細かく判断、決済していた会社では難問です。

権限移譲にも順番があります。社長は社長交代を見据え、社長が長けた分野から後継者へ権限移譲しようとすることが少なくありません。しかし、社長が長けた分野だと、ただでさえ経験と能力のない後継者の弱点ばかりが目立ちイライラが募ってしまいます。

したがって権限を譲るなら、社長が苦手とする分野からが望ましいのです。

交代後は相談されても答えを出さない

[失敗6] 会長(前社長)が実権をもち続けた

これまで何ごともトップダウンで決めてきた創業者が、社長の座を辞し会長になりましたが、やはり会社が気になり、実権をもち続ける院政となっていました。

ことあるごとに、社長の判断に異を唱え、鶴の一声でひっくり返すことが多くなり、挙句の果てには社長を飛び越えて幹部や現場の社員に指導する始末に。その会長の迫力に、社長もいつの間にか自分の考えより、会長にとっての答えは何なのかを考え動くようになりました。社員も社長ではなく会長を見て仕事をして、社長の言うことは社員の耳には届かず統率できない状況に陥っています。

事業承継を実現した後継者の悩みで一番多いのが、「会長がことあるごとに口出しするので困る」というものです。逆に、後継者が先代社長に感謝している内容で一番多いのは、「会長が口出しをしてこないので本当に助かっている。自分も後を譲ったときはそうしたい」というものでした。

社長となった後継者が、「社長の座を譲った以上、前社長は余計な口出しはしないでほしい」と思うのは当然です。とはいえ、社長の座を辞した会長の思いもわかります。社長の座を辞しても会社が気になって仕方がないのです。先代社長から見ると新社長はいつまでも頼りなく、場合によってはおかしなことをやっているようにも見えます。しかし、そこで口を挟んではいけません。

社長交代後は、口出ししてはいけません。たとえ新社長から相談があっても応えてはいけません。「答えを教えない」のです。社長は自分で判断しなければなりません。社長自らで判断するからこそ、失敗したときも、その結果をすべて自分の責任として受け入れられます。会長は社長から相談されたら、考え方を教えるだけにとどめましょう。

2 戦略的に後継者教育の計画を立てる

社長が対話をとおして教育する

前項で後継者教育に対する社長の心得をお伝えしましたが、ここでは社内外における具体的な後継者教育のポイントを解説します。

まずは「社長個人が行う後継者教育」です。

後継者を育てるうえで大切なことは、後継者との対話を通じてこれまで社長が大事にしてきた思いや経験や勘を明らかにしていくことです。この教育によって後継者の経営能力を大きく向上させることが可能になります。教育内容を一つずつ見ていきましょう。

①理念を伝達する

経営理念が、お題目で形だけというイメージをもたれることは少なくありません。しかし、社内に掲げている経営理念や社訓は、創業社長が思いや希望を胸につくったはずです。

事業承継では今一度、「わが社は何のために存在しているのか」「創業のきっかけ、本当にやりたかったことは何なのか」「今まで大事にしてきたことは何か」などを整理し、言語化し後継者に伝えることが重要であり、それこそが社長から後継者に渡されるバトンです。「何のために経営しているのか」と聞かれれば、日々難しい環境のなかで生き残りをかけて経営しているので、「売上、利益を上げ、経営者や社員の物心両面を豊かにすること」という現実的な回答が出てくるかもしれません。しかし、それだけではないはずです。

後継者にバトンを渡すのを機に、今一度人生をとおして実現したかったことは何かを振り返ってみたいものです。「今まで何を大事にしてきたのか」と聞けば、狭い建屋で軽トラック1台から始め、借金に追われて妻に苦労をかけたような創業時の苦労話、あるお客様と出会って会社が成長するキッカケになった話、仕事の依頼があっても譲れないこだわりがあったために断った話などを社長が自らの口で語ることで、後継者は「会社が何を大切にしてきたのか」を感じ取り、理解してつないでいく決意を固めます。

今の会社は、長い事業活動のなかで社員や従業員の汗や喜び、苦悩から生まれたものです。後継者はその重さを知ることによって、会社を継ぐことの本当の責務を感じ取ることができるでしょう。これが社長にしかできない最高の後継者教育です。

②経営の見える化

社長による後継者への教育では、理念を伝えるだけでなく、一緒になって自社のあり方を考えることが後継者の経営能力の向上につながります。一番に明らかにしておくべきことは「自社の強み」です。

中小企業は、価格競争では勝てないからこそ、価格以外の特徴によってお客様に認めてもらっているはずです。その特徴や強みは、社長の経験や勘などといったものであるかもしれません。それらの強みや儲けの仕組みなどを明らかにしていく過程で後継者の経営能力が高まっていきます。

とくに自社の強みについては、社員や取引先に取材して明らかにしていくことをおすすめします。社員や取引先は、社長と異なる視点から見ていることが多く、現場でのさまざまな業務を通じて、社長の知らない情報をもっていることも少なくありません。

③判断力よりも実行力を磨かせる

経営者は、つねに判断をしなければならない立場であり、正しい判断力、適切な意思決定を求められます。正しい判断をするためには視座を高めることが重要で、また判断に迷った場合には経営理念など会社の目的に立ち返ることも必要です。

しかし、答えがないのが経営の世界です。右か左か、どっちの答えが正しいのかという判断は難しいものです。どんなカリスマ経営者でも、いつもベストな判断はできないし、間違った判断をすることもあります。

右に行けば右なりの道があり、また次につながっていくでしょうし、左に行けば左なりの道があります。そういう意味では、むしろ判断力よりも実行力が重要となります。それは名経営者と言われる人々であっても同様です。社長は後継者に判断の正しさばかりを求めるのではなく、最後まで粘り強くやり切らせる教育が重要です。

後継者を育てるジョブローテーション

①最初はお客様と直に接する仕事に就かせる

会社の利益の源は現場にあります。創業者であっても、現場やお客様に育てられてきたはずです。わがままをいうお客様は一人や二人ではなく、相当無理な注文をつけるお客様もいたことでしょう。そして、そのお客様の要求に必死になって対応してきたことで強くなってきたはず。

後継者は、大学などで体系的な経営の勉強をしてきているかもしれませんが、会社で問題が起こったときに、机上の理論や部下の報告、データだけを見て判断するようではいけません。迷ったら現場に戻り、そこで答えを見つけてくる人間に育てなければなりません。

だからこそ最初はお客様と直に接する仕事に就かせることが大切なのです。現場ではどんな問題がどのようにして起こり、どのように解決されていくのかを五感で感じとらせることが社内教育の最初の一歩です。

②部門横断プロジェクトのリーダーを任せ、リーダーシップを発揮させる

後継者を短期間で社長に育てていくには、できるだけ早く会社全体を理解させ、リーダーシップを発揮させる場所を与えたいところです。それに適しているのは部門横断的なプロジェクトのリーダーをさせることです。たとえば、ＢＣＰ（事業継続計画）策定のリーダー、採用活動チームのリーダーであれば、後継者が若くてもリーダーシップを発揮しやすく、また会社全体を知ることにつながるプロジェクトです。

また、今後の経営体制においても、ともにプロジェクトを遂行した仲間は後継者にとって心強い存在になります。とくに最近必要性の高いＢＣＰは、その策定プロセスが後継者にとって最適なリーダーシップ訓練の場となります。ＢＣＰの策定では、緊急時に最優先すべき事業を洗い出さなければならず、他部署への理解や会社全体を俯瞰し、全体最適の思考をすることが必要になります。

部門横断的なプロジェクトのリーダーを任せ、成果を創出させることで、他部門の社員も後継者と接することができ、後継者として信頼、認知されていくようになります。

③後継者はゼネラリストでよい

「後継者は最低10年かけて社長にしましょう」と論じる識者も多いようです。しかし、それは少々時間がかかりすぎのように思います。より短期間で意図的に教育すれば、私の経

験上５年でも十分社長としてやっていけます。そのような教育設計で考えることに損はありません。

現実的には社長が急逝し、その翌週から業界未経験の後継者が就任して社長業をまっとうしているケースも少なくないのですから、時間をかけるばかりが得策とは言えません。

たとえば、最初はお客様に直接接する職場が望ましいので、営業１年、その後工場１年、企画６カ月、人事総務６カ月、経理６カ月などと３～４年くらいで全部門を経験させればよいでしょう。これに対しては、「そんな短時間では何もわからない」という意見も聞こえてきます。しかし、後継者がそれぞれの機能のスペシャリストになる必要はないのです。それぞれの部門のスペシャリストとして部課長がいるわけですから。

創業者は何かに特筆すべき技能（営業やモノづくりなど）があって起業したわけですからスペシャリストです。しかし、後継者は、スペシャリストである必要はありません。むしろ、広い知識、経験をもって全体最適ができるゼネラリストであることが必要です。だから早期に全部門を経験させることが重要であり、それが社長交代に向けて現実的なのです。

早いうちに全部門をジョブローテーションすることで、社内に人脈ができます。会社のほとんどの社員と早期に仕事をする機会をつくり、後継者として信用を高める場にします。ある後継者は、最初の２年で全部門をローテーションし、毎日朝一番に出社して夜は最後まで残っていたことで、2年後には全部署から揺るぎのない信頼を得ていました。

ジョブローテーションの総仕上げとしては、取締役として経理財務部門や経営管理部門に就かせることがよいでしょう。財務や決算書づくりは後継者の苦手とする分野とも言われますが、経営する以上は財務や数字に弱いではすまされません。経理と財務はしっかりと理解しておきたいところです。

また、社長交代後の経営を考えて中期経営計画策定をリードし、重要指標を活用した実行管理をしておくと、社長就任前の準備としては合格点です。

金融機関などとの関係を構築する

経営者にとっての一番重要な社外関係者は金融機関でしょう。中小企業の経営といえば「資金繰り」とも言われるくらい経営者にとって金融機関との良好な関係構築は避けて通れません。ただ後継者のなかには金融機関の事情を知らないために、過剰に身構えたり、「いざ雨が降れば傘を貸さない」などと敵対視する人までいます。

しかし金融機関は、少々業績の厳しい会社に対しても「どうしたら貸せるか」という視点で見ていることが多いのです。

無借金経営で銀行にお金を借りていない会社もありますが、それはリスク回避の面からするとも必ずしも褒められるものではありません。銀行との付き合いがなければ、もし業績が悪くなったときに「〝実績〟がないからダメ」と言われることになりかねません。業績が悪くなってから新規で借りるのは本当に難しいのです。金融機関の言う信用や実績とは、返済がきちんと期日通りに行われていることであり、無借金経営では実績をつくれないわけです。

したがって、あえて「晴れているうちに傘を借りる（借入れの必要性はなくとも借入れし、返済する）」ことも重要です。すぐにお金が必要でなくても金融機関に融資してもらい、必要なければ口座に入れておいて使わなければよいのです。後継者と金融機関との関係構築では、金融機関に自社の中期経営計画や決算、事業の魅力をプレゼンさせるとよいでしょう。

後継者にとっては、自社だけでなく、地域団体や業界団体などの組織にも所属し、そこで地域貢献やリーダーシップを発揮することもよい経験となります。各団体で毎年役職に就いて、事業の組立てから予算の組み方、終了した事業の検証、報告、引継ぎを行うことは、経営者（事業者）としての経験にもなり、個人としてのレベルアップにつながります。

そうした団体活動をとおして会員企業同士で親交を深めることで、人脈を形成しビジネスマッチングに発展するケースもあります。分科会や有志による勉強会を開催している団体も多く、最新事例や他社の取組みを聞いて自社の課題解決に活かすこともできます。

異業種の経営者が集う研修に参加する

経営全般の知識やセオリーを多く保有している経営者とそうでない経営者では、選択肢や引き出しの多様さから言っても自ずと経営能力に差が出てしまいます。一方で、知識をもっていても、聞いた話や雑誌で読んだだけの知識では断片的な情報となってしまいがちで、実務で応用できません。

そのため、体系的に整理された学び方が求められます。経営者や後継者向けにプログラムが特化され、それを専門サービスとする社外研修に参加するのが有効です。体系的に学んでいくとすれば、2～3日程度では無理であると理解しておきましょう。

社外研修を選ぶポイントとしては、

・自社を徹底的に知る機会となる実践型の研修であること

経営全般やセオリーの勉強だけでなく、研修を通じて自分の会社を徹底的に見える化・分析をする。学んだことをすぐに自社で試させる実践型の研修が望ましいでしょう。机上の経営セオリーが自社で有効に機能するとはかぎりません。学んだことを自社で試行錯誤してみるからこそ本当の意味での力がつきます。

・異業種の経営者や後継者が参加する研修であること

最近ではオンラインで受講できる研修も増え、非常に便利になっています。しかし、せっかくなら同じ悩みをもつ後継者や先輩経営者が参加する会場型の研修がよいでしょう。今後、経営者としてやっていくうえで一緒に同じことを学んだ者同士は、気軽に相談できる経営者仲間になるでしょう。

また、異業種の経営者とディスカッションすることによって、他業種では当たり前の考え方・仕組みが自社に活かせる新たな視点であると気づくことも多々あります。参加メンバーとの交流で得られたものは一生の財産となるでしょう。

私の所属するコンサルティング会社でも、後継者や経営者が自社の経営を学び直すプログラムとして「経営者大学」という研修を用意しています（ネットで検索してください）。経営者大学は各期15名の受講者で、京都で1年かけて（毎月1泊2日×12カ月）、各分野の講師陣と受講者の智恵と情熱をぶつけ合い、真剣勝負をとおして具体的な経営成果を上げる実践の場です。

〝経営者として何をやり遂げたいか？〟といった問いかけを通じて、経営者としての生き方を定め、自分の命を何のために使うかという〝使命感〟に気づかせるプログラムを組み入れており、そうした学びは強固なリーダーシップの発揮につながります。

3 後継者の7つの心得

後継者は「特別な存在」

本書では、おもに事業を譲る立場の現経営者に向けてお話をしてきましたが、ここで譲られる立場（後継者）に視点を変えて、後継者はどんなことを心得ていなければならないか、その心得を述べておきます。

親が事業を営んでいる人は、進路選択を考えるうえである問題に直面せざるを得ません。「家業を継ぐか否か」という問題です。真剣に家業を継ぐことを考える際には、どんな人でもさまざまな迷いが胸中に湧き起こるのは当然です。

現在勤めている企業や仕事に愛着ややりがいがあるから続けたいという気持ちもわかります。すでに結婚して家庭をもっている場合は、家族の生活のことも考えなければならず、安易な決断は許されません。親の会社をいったん継いでしまえば、事業の継続を周囲からも顧客からも求められます。会社員のように、自己都合で辞めることはできません。

たとえ伝統ある老舗の跡取りとして生まれ育った人であっても、家業を継ぐことに抵抗を感じる人は少なくありません。家を継いで当たり前という風潮への反抗もあります。しかし、後継者は誰でもなれるわけではありません。**跡継ぎは稀で特別な存在です。**もちろん、それを受け入れるも違う道を歩むも自由です。ただ、今自分が後継者候補に名前が挙がっているのであれば、他の者にない「特別な挑戦権」が与えられているということです。

人は周りの環境の影響を大きく受けます。友人や先生、そして両親です。医者の家に生まれたら、医者をめざす人が多いように、親が家業を営んでいれば、子どもは幼い頃から両親の背中を見て育ち、経営者志向や起業家マインドが育まれています。

「起業家精神」とは、〝新しい事業分野を興そうとする精神〟のことであり、英語では「entrepreneurship」（アントレプレナーシップ）と言い、新しい事業分野を切り開くために必要な想像力や発想力、行動力、チャレンジ精神、リスクを恐れない勇敢さのことです。また、忍耐力や責任感、柔軟性、広い視野も、起業家精神の重要な要素です。

経営者の子どもは、知らず知らずのうちにこうした「起業家精神」を獲得しています。

後継者候補として周囲に認識されたとき、「あの人なら大丈夫だろう」と思われるか、あるいは「あれはダメだよ」と見られることになるか——。

経営者としての能力は実際の経営を通じて身につく部分が多く、まだ経営に携わっていない後継者候補の段階では備わっていないのが普通です。肝心なのは後継者としての心得や資質といった人間力（人格）で、複数の後継者候補がいる場合は、現社長は、今の能力よりも、経営者としての資質（人格やその人の器）を重視し決定すべきでしょう。

〈心得1〉経営者は「聖職者」である

人々の価値観や行動に影響を与える立場として、宗教の世界では「聖職者」が存在しますが、人をつくり育てることを職務とする教師も「聖職者」と言えます。

教師は知識を教授するだけでなく、教え子たちに道徳的な価値観や社会的な振る舞いについても指導します。その点では、私は会社の社長のほうが教師よりも聖職者に近いと考えています。社長が従業員に及ぼす教育感化力、影響力は計り知れぬほど大きいものだからです。

教師の教育対象は子どもたちであり、教育感化できる期間はわずか数年。一方、社長の教育対象は大人たちであり、彼らを教育感化できる期間は長期にわたります。ときに学校で十分な教育感化を受けてこなかった従業員でも、社長が彼らを教育感化できれば、生きがいをもって仕事に取り組み、自己実現をめざすようになるに違いありません。その結果、彼らの家庭も明るく生き生きとしたものになることは疑いないでしょう。

後継者は、自分の都合よりも周囲のために生きられる人間でなければなりません。

〈心得2〉覚悟を決めてすべてを受け入れる

後継者やあるいは交代したての社長から、今の会社や先代社長への不満や愚痴を聞くことが多々あります。それを聞くたびに「まだ覚悟ができていない」と感じます。後継者は起業・創業と違い、引き継ぐものがあります。

ゼロから始めなくてもよいという有利な面がある一方、ゼロから始めていないゆえの困難もあります。たとえば、カリスマ社長との比較、劣等感、悪しき慣習、先輩ベテラン社員が年上部下になることも引き受けなければなりません。

後継者は「すべてを受け入れる覚悟」を決め、迷いを絶たなければなりません。覚悟を決め切れない新代表に誰がついていこうと思うでしょうか。覚悟が決まれば厳しい状況や逆境に直面しても困難や苦難を受け入れることができます。

困難や苦難を受け入れるとは、自己欺瞞《ぎまん》や逃避を斥《しりぞ》けて自身の責任として受け入れ、その状況にどう向き合うべきかを考え、不屈の意志をもち困難に打ち勝つための努力や行動を決意できるということです。

〈心得3〉会社の「責任」を深く認識する

経営者の責任と聞くと、法的責任（法律や規制を遵守するコンプライアンス）を連想し、最後は謝罪し責任をとる姿を想像するかもしれません。

取引先との契約内容、会社法に基づいた会社運営、税制、労働法や従業員の権利、環境への影響を最小限に抑えること、消費者保護と製品安全、知的財産の尊重……。たしかにこれらコンプライアンスの重視は、信頼性を保つための基盤であり、適切に対応することが求められます。

しかし**経営者としての最大の責任は、ズバリ「会社を存続させること」**です。お客様、取引先、そして従業員とその家族のために存続させる責任があります。

会社は、これからもずっと製品やサービスを使い続けたいと思っているお客様の期待に応え続ける必要があります。お客様はわが社を必要な会社として認めてくれているのです。外注先や仕入先は、これからも末永く注文を出してくれると期待していますし、働いて生活の糧を得るという従業員の期待にも応え続けなければなりません。

会社は社会に生かされています。後継者は次の社長として、その次の後継者へ会社を引き継いでいく責任があります。

「従業員」と「経営者」の責任の違いとは、簡単な話、業績が悪ければ経営者は報酬をもらわず、従業員にはきっちり賃金を支払うということです。後継者教育として、業績が悪かった際に自分と後継者の報酬を止めた社長もいました。

経営者の責任とは、周囲のせいにせず、すべては自分の招いたことと受け止めるということです。問題が発生したときやうまくいかなかったときに、すべては自分の招いたことと思わなくてはなりません。

〈心得４〉後継者にふさわしい態度や品格を〝演じる〟

後継者候補は、社内外を問わず、周囲から一挙手一投足を見られますから、とりわけ身だしなみは最重要です。メラビアンの法則によると、コミュニケーションの場面で、人は言語情報から７％、聴覚情報から38％、視覚情報から55％のウェイトで影響を受けます。一般のビジネスパーソンでもその重要性は同じですが、とくに後継者は第一印象や見かけで判断されがちです。

後継者たちが集まるある会でのこと。その日は雨が強く降っていましたが、「傘を堅く細く、キレイに畳んでいる人」と「ビニール傘で、雑に畳んでいる人」がいました。「目を見てハキハキと名刺交換する人」と「自信なさげに目を下に落として名刺交換する人」、それ以外にも「歩き方」「立ち振る舞い」「お酒の飲み方」などでも、その人の品格は一瞬で相手に伝わるものです。

とはいえ、明日から後継者として生きることになったとき、今日の自分と明日の自分は当然同じ人間であり、人格や性格も変わりません。ではどうするか。昨日まで〝夫〟であった人が、今日子どもが生まれたとたんに〝父親〟を演じなければならないのと一緒です。後継者となったら朝一番からよき後継者を演じましょう。

朝一番に出社して、誰よりも気持ちのよい挨拶で社員たちを出迎えることから始めればよいのです。つねに「成長意欲と探求心」をもち、よいと思ったことはすぐに動き、最後まで粘り強くやりきる姿も大事です。正しい答えがないのが経営です。会社を大きくしている経営者は、判断の正しさより最後まで粘り強くやりきる強さがあるからこそ、結果が出ているように思います。

〈心得5〉少額であっても「公私混同」しない

社長になったら、少額であっても公私混同（経費の私的流用）をしてはいけません。

経営者になれば、経費が認められるケースが多くなります。当初は公私混同しないと頭で理解していても、節税対策から結果的に公私混同になることも多く見受けられます。

少額であっても私的流用は、従業員からすれば、自分たちが一所懸命に働いた結果を流用することなので許しがたいものです。公私混同は、従業員の経営者に対する信頼感を崩し、モチベーションを大幅に下げます。

一度崩れた信頼を取り戻すのは難しいことを理解しておきましょう。

〈心得6〉新社長に就いたとき、いきなり「革新」しようとしない

後継者は、会社を革新し大きく成長させようという気持ちが先走り、変化を急ぎがちです。一番よくないのはこれまで会社を支えてきた顧客層を軽視して、新たな顧客層を獲得しようとビジネスモデルを切り替えることです（大塚家具は、それで事業承継が失敗しました）。

事業承継後に革新を急いではいけない理由はいくつかあります。

新社長は既存事業や市場の理解が十分でない可能性もあり、そのなかでの大きな変更はリスクを増加させ失敗する可能性があります。また、急な革新は顧客、従業員、取引先などに不安や不信感を与える可能性があり、信頼の構築を妨げる可能性があります。

事業承継後は少なくとも2年くらいは先代がやってきたことを否定せず、今の事業の運営や状況をよく理解し、過渡期を安定的に乗り越えることが重要です。その後に、適切なタイミングで革新を検討することが望ましいでしょう。

〈心得7〉現社長への「リスペクト」から事業承継は始まる

若い後継者は、時流に沿ったマーケティングや企業財務などを学んできているかもしれません。すると机上の知識で、現社長や会社に対して「遅れている」とダメ出ししがちです。しかし、今ここに会社があるのは、バブル崩壊、リーマンショック、コロナショックなど数々の経済危機や困難を乗り越えてきたからです。多くの会社がその危機や困難を乗り越えられずに廃業・倒産してきたなか、現社長の判断や行動が間違っていなかったから、今があるのです。

後継者は「カタカナ理論」を振り回す前に、身をすり減らして社員やその家族を守ってきた社長へ尊敬の念をもたなければなりません。現社長をリスペクトできない「バカ後継者」では事業承継は失敗します。事業承継とは、去る者と代表になる者がお互い認め合うことで成立するのです。

事業承継は単なる業務や資産の引き継ぎではなく、先代への感謝とリスペクト、家族やコミュニティへの貢献を継続する取組みとして位置づけられます。

4　専門家の力を借りる

専門分野のアドバイスを受ける

経営者がいざ事業承継に本格的に取り組むことになったとき、最初に相談する相手はやはり顧問税理士でしょう。会社の内情や周囲に相談しにくいお金のことを把握している顧問税理士は、意思疎通が図りやすく一番相談しやすい相手です。一方で、経営者からは次のような声も聞かれます。

「他所のセミナーで聞いた事業承継対策を、うちの顧問税理士は提案してきたことがない」

「事業承継対策について聞いてもぼんやりとした答えしか返ってこない」

「対策が自社株の税金の話ばっかり。まだ後継者が育っていないのに株価が安いうちにすべて後継者に譲渡しろとか、株価を下げるために不動産をすすめられたりする」

すべての顧問税理士が事業承継の適切かつ専門的なアドバイスができるわけではありません。経営者から見たら「税理士なんだから詳しいだろう」と考えがちですが、法人税の申告業務を主業務に行っている税理士と、相続・事業承継を専門にしている税理士では専門性がまったく異なります。医者が内科と外科で専門が異なるのと同様です。

事業承継の相談に乗ることのできる専門家は、税理士以外にも、金融機関、保険会社、弁護士、後継者教育を行う研修会社など多方面にわたります。個別に見てみましょう。

顧問税理士が事業承継対策に明るいのであれば、相続税や贈与税など税に関する相談や株式評価、不動産や生命保険を活用した自社株対策についてアドバイスをもらえます。

金融機関も事業承継に力を入れているところが多く、後継者の自社株買取り資金の融資や相続税対策としてホールディングスの提案、M&Aの提案、銀行グループ企業の商品の提案（保険・不動産・リース会社紹介）などを得意としています。ただし、後継者が未定の場合は融資への影響が懸念され、相談しにくいといった声も聞かれます。

弁護士、司法書士は、相続争いや事業承継対策、相続に関する法的リスクの検証、遺言書の作成、不動産登記や民事信託の利用など、法律分野を得意としています。

保険の節税メリットは少なくなりましたが、保険を活用した退職金準備などは、保険会社や保険代理店が専門としています。

このほか、事業の引継ぎ先を見つけるための公的な相談窓口として「事業承継・引継ぎ支援センター」があり、事業承継を得意とする民間コンサルティング会社もあります。

このように、事業承継に明るい専門家でもそれぞれ得意とする分野が異なり、提案は自分に専門性のある分野に偏りがちです。事業承継の相談をもちかけても、税理士なら節税の提案となり、保険会社なら保険の提案となってしまい、提案は自分の専門分野に特化した「部分最適」にとどまります。

経営者としては、課題に合わせて専門家（相談相手）を替えていては大変です。また、各専門家からの情報が多くなればなるほど「何が正しいのか」がわからなくなり、「結局、どこに相談すればベストなのか」という悩みに戻ります。

一般に「事業承継イコール相続税対策」と見られがちですが、それは事業承継の取組みの一部にすぎません。出版物の多くやセミナーも、事業承継の節税スキームなどに偏りすぎて本質が見えにくくなっています。事業承継問題の本質は、「継ぎたいと思える会社かどうか」です。

事業承継に向けて、まずは**「継ぎたいと思える会社」に磨き上げ**、そして「ヒト」「モノ」「カネ」「知的資産」をうまく引き継ぎ、**事業承継を契機として「経営革新」を果たし、新しい成長局面に入ること**こそが、社長と後継者に課された事業承継というミッションです。

繰り返しになりますが、節税や納税資金対策というテクニカルなアドバイスだけでは足りません。本質は「いかに事業価値を高め成長発展できるような会社にするか」であり、事業承継支援の専門家は企業経営そのものへのアドバイスが必要です。

「事業承継士」は何をしてくれるのか

これまで述べたとおり、事業承継とは節税対策や争族防止のみならず、会社の理念・儲かる仕組み・独自のノウハウ・企業文化を承継し、後継者によるさらなる成長を図る「全体最適」であり、ゆえに**アドバイスをする者には幅広い知識とノウハウが要求されます。**

事業承継士は事業承継の唯一の資格であり、その専門性は折り紙つきです。経営者のハッピーリタイアメントに向けて、事業承継の全体最適をめざして支援する専門家（弁護士や税理士をコーディネートする立場）です。

そもそも事業承継士になるには、中小企業診断士、税理士、公認会計士、弁護士、司法書士など国家資格をもっていることが受験資格として求められ、誰でもなれるわけではありません。

スムーズな事業承継を支援するには、多岐にわたる専門的な知識が必要です。**事業承継対策の「全体最適・コーディネート」**に長けていなければなりません。

事業承継士は、これらの諸問題を総合的に解決することのできる幅広い知識とノウハウを保有している唯一の資格者です。単なる相続対策、節税対策にとどまらず、経営方針や事業対策方法の立案から税理士・弁護士・金融機関といったそれぞれの専門家をコーディネートする立場にあり、個別最適ではなく全体最適をめざして支援することができます。

事業承継で一番難しい「親族の意見調整」

事業承継をした後継者からよく聞くのは、

「親子間だけでは事業承継が進まない。事業承継は後継者から切り出したら関係悪化やトラブルになる」

「間に入って、メリット・デメリットを提示し親族間の意見調整をしてもらえる事業承継に詳しい第三者が必要」

という声です。

事業承継や相続のタイミングでは、これまで仲良くしていた親族が険悪な関係になることもあります。いくら経営権や事業用資産を後継者に渡せたとしても、それでは事業承継の成功とは言えません。事業承継で一番難しい点は、親族間の納得をいかに獲得するかです。親族同士での話し合いを進めるときに、事業承継の知見が豊富で、親族間の調整に慣れた第三者がいれば大いに助かります。

まさにそこを得意とするのが事業承継士であり、社長と後継者の間に入って事業承継対策を進めるだけなく、家族会議のサポートから親族間の意見調整、相続・節税対策にとどまらず事業承継の全体最適をめざして、円滑な事業承継とさらなる成長を実現します。

本書の最後に、私が事業承継士として実際にお手伝いした事業承継の事例を5つ紹介しておきましょう。

事例集

事業承継の課題をこう解決した

事例1

納税猶予の特例を活用。
事業用資産のすべてを後継者に贈与し、早期社長交代を実現

相談時：社長（75歳）、専務（長男・45歳）／従業員30名、半導体検査業

［相談に至る経緯］

「生涯現役」を貫こうとしていた社長（75歳）も検査入院を経ていよいよ健康不安を感じ始め、一刻も早く後継者である専務（長男）に社長を交代したいと考えていました。

社長から長男には、これまで株式の暦年贈与をコツコツと実施していましたが、いまだ株式の保有比率は社長60％、長男20％、その他親族20％という状況。そんななか社長が、私が講師を務める事業承継セミナーに参加され、経営承継円滑化法の納税猶予の特例を知り、私は相談を受け事業承継診断を行って事業承継を支援する運びになりました。

【当時の状況】

社長交代の時期は、遅くとも2〜3年以内と予定していました。法定相続人は、長男、次男（妻はすでに他界）。外部環境も会社の収益性も良好であり、今後も株価が上昇し続ける見込みでした。社長の財産の大半は自社株式と、会社で使用している個人所有の土地でした（株式3億円、土地5000万円、現金5000万円）。

社長は、後継者である長男には相続財産の大半を占める全株式に加え、会社で使用している個人所有の土地も相続させたいと考えていましたが、次男の遺留分への配慮もあって、遺言書に財産分与をどう記すべきか迷っていました。

【危惧した点】

分散している株式をそのまま放置しておくと、相続が発生したときに経営に関与しない相続人から高値での買取りを求められることや、少数株主権の行使（3％以上で総会招集請求や役員の解任請求、会計帳簿閲覧請求、1％以上で株主提案や総会検査役選任請求が可能）などトラブルが発生するリスクがあり、後継者が苦労するおそれがあります。

相続が発生した場合、社長の資産4億円（加えて死亡前10年以内に社長から長男に贈与した金額）は長男と次男が相続することになり、次男にも遺留分（4分の1）として約1億円を相続する権利があります。もし遺留分侵害額請求を受けた場合には、長男が次男に多額の現金を支払うことになりますが、長男には資産がありません。

［おもな対策］

①事業用資産の後継者への集中

土地を兄弟半々で相続すれば、その後に経営にタッチしていない弟が換金したいと言い出すケースがあります。その場合、兄が資金を工面して買い取ることも実務的にはよく起こるため、個人所有の土地であってもその上に会社が建っている場合は事業資産としてみなすことが望ましいのです。

そこで、個人所有の土地は会社で買い取って会社所有にすれば、後継者が自己株式を取得することで、実質的に土地を所有することができます。

②株式の贈与税納税猶予と、分散した株式を後継者に集約

資産が多く、贈与税や相続税も高くなるため、「特例承継計画」を策定し、都道府県知事の認定を得て納税猶予制度の特例を活用しました。それによって、自社株式（分散した株式もすべて）を社長や親族から後継者へ、自己資金ゼロ（納税猶予）で贈与することが可能となり、速やかに経営権を完全に長男に移行することができました。

③遺留分に関する民法特例を申請

あわせて、「経営承継円滑化法の民法特例」を活用し、生前贈与した自社株式を推定相

続人全員（長男・次男）の合意で、遺留分算定基礎財産から除外しました（除外合意）。

④ 次男への配慮

事業用資産をすべて長男に贈与したため、次男への配慮が必要です。それについては換金性の高い資産（現預金、生命保険金など）をすべて次男に渡すことにしました。

［コメント］

ご相談から2年で、希望どおり事業用資産を長男に承継し、経営権を完全に移行することができました。また、「事業承継税制の特例措置」を活用して贈与税の納税猶予を得ました。このケースでは、後継をしない次男への相続財産の配慮がポイントで、事業用資産を後継者に集中させたほうがよい理由なども含め、丁寧な説明を通じて理解を得ることができました。

事例２　先行き不安の会社を磨き上げる。従業員承継を実現し、業績回復

相談時：社長（75歳）、後継者候補なし／従業員10名、設備整備業

［相談に至る経緯］

最近とくに増えているケースの一つです。社長が75歳を迎え、これまで贔屓《ひいき》にしてもらっていた経営者仲間も高齢化、あるいは社長交代が進んだため、受注が減少し、会社は業績不振に陥っていました。

社長は事業の先行きに不安を覚え、廃業を模索していました。借入金もあったことから、取引金融機関から事業承継士の私に相談が寄せられました。金融機関にとっても融資先の後継者不在は懸案事項です。

［当時の状況］

整備工場は借地の上に立っており、廃業した場合には更地にしなければなりません（場合によっては土壌改良も必要）。従業員10名の半数は50～60代で、再就職の見通しも厳しい。取引先は数社ありますが、仕事の受注が年々減少し、固定費を賄えず赤字決算が2期続いていました。借入金（個人保証つき）もあり、会社の現預金が徐々に減少。社長への未払い報酬や会社への貸付金もありました。

［危惧した点］

廃業するにしても意外に大きいコスト負担が発生しそうで（更地化や土壌改良の必要性も）、その費用の捻出は困難です。また、従業員の再就職対策や退職金支給といった悩ましい問題もあります。

従業員が承継するにも今の事業体では先行き不安で、借入金（個人保証）もあるために誰もやりたがりません。たとえ従業員本人が事業を承継すると決めても、個人保証がある場合、その従業員家族（妻）が反対することはよくあります。

［おもな対策］

①事業再生を実施し、コンパクトで身軽な会社に

社長の親族には後継者候補はいませんが、社員のなかに「技術力がある」と周囲から慕われている40代の社員がいました。引き継いでくれるかどうかは別にして、ともかく、その社員が背負っていけるくらいの規模へ会社を小さくする必要があると考えました。

そこで、再生計画を策定して借入金の返済スケジュールを見直し、不採算事業の整理、売却可能資産や在庫処理による現金化、早期希望退職（人員削減）を進めて、コンパクトで身軽な会社に変身させました。

借入金返済を含めても既存の得意先の売上が安定さえすれば、確実に現金が残るシミュレーションとなったので、後継者候補の社員の家族への説明と理解を得て承継が決定しました。

②社長のハッピーリタイアメント対策

社長への未払い報酬や会社への貸付金もありましたが、それは放棄してもらって、生命

保険を解約して、それを退職金として支給しました。
社員後継者はほぼ無償で自社株式を100%手にし、個人保証は継続して長期で借入金を返し続けることになりました。考え方を変えれば、高値で株式を買って、分割払いしているのと同様です。

③ 事業を回復軌道に

身軽になった会社はその後、後継者の努力もあって新規取引先を開拓、安定的に利益が残る会社に変身しました。業績は回復軌道に乗り、さらに「経営革新計画」の認定も受けて新たな事業もスタート。若手の採用も少しずつ進んだことで組織も若返り、明るい職場に生まれ変わりました。

【コメント】

引き継ぐべき事業かどうかの判断が、事業承継の入り口です。事業を立て直せる余地があるなら、廃業に逃げ込むより、実現可能な再生計画を作成して次世代の経営者へバトンタッチを行う努力も重要です。従業員承継では、株式の買取り資金の問題や借入金の個人保証の問題がありますが、それを受け入れることも新社長として成功するために必要なこと（覚悟がつく）かもしれません。

事例３

子は娘２人。家族会議で次女が後継者に名乗りを上げる。贈与税ゼロで株式移転、経営者保証も解除

相談時：社長（70歳）、長女・次女（ともに40代）／従業員15名、食品加工業

［相談に至る経緯］

現社長はこれまで後継者問題に悩んでいましたが（娘に苦労はかけたくないので、後継者候補外と考えていた）、いよいよ70歳を迎え、古参の部長に白羽の矢を立てました。

しかし、社長の妻に違和感があり（苦労して育ててきた会社を他人に渡すのは忍びないという感情と、これまで幾度となく社長と部長が衝突してきた過去）、また従業員承継をするにも株式の買取り資金をどうすればよいのかわからないということで、私の事業承継セミナーに参加し、相談を経て事業承継支援に至りました。

［当時の状況］

株式の保有比率は、社長70％、妻20％、娘２人で10％。会社には借入金があり、個人保証がついています。自社株式の株価は８０００万円。株式を買い取る、もしくは贈与税を支払う資金は、娘や従業員（部長）にありません。

［危惧した点］

社長の妻は、苦労して育ててきた会社を親族以外に渡すことに抵抗感をもっています。後継者候補の部長に対してもこれまで幾度となく社長と衝突し、退職の申し出も何度かあったことから、後継者として指名することに躊躇がありました。

私が次女と面談した際には、社長（父）を尊敬し、子育ても手が離れ始めたタイミングであったためか、父の仕事（社長業）に興味があるということでした。しかし、本気で事業を承継する気持ちはありませんでした。

資産総額はあまり大きくないので、第7章で紹介した「事業承継税制の特例措置（納税猶予）」を活用するには負担が大きすぎました。

［おもな対策］

①家族会議で次女が後継者に決定

後継者を第三者（従業員）にすることに対して、親族全員から合意をもらう目的で家族会議を開催しました。ただし私には、中小企業の後継者には一族の出身者がベターという考えがあったため、親族内からの立候補も期待しました（会社の資産・負債・収益状況がわかっていないために親族が事業承継を躊躇している可能性もありました）。

事前に次女と面談しており、会社の状況次第では父の後を継いでみたいという意向を確認していたため、家族会議で次女が立候補する可能性もありました。

家族会議で、会社の状況（株式評価額、相続税の概算、収益状況、資産や借入金・個人保証など）を正確に伝え、その対策案を提示したところ、次女が入社の意思を表明し、親族一同もそれを歓迎しました。これまで次女がためらってきた原因は、会社に借入金があることや、代表になれば個人保証がつくことだったのです。

②相続時精算課税制度により早期に自社株を後継者に移転

次女が入社し、一通りの業務を把握し、入社3年目のタイミングで社長交代を実施。株価が高額ではなかったことや「経営承継円滑化法の民法特例」の活用は労力がかかることから、「相続時精算課税制度」で早期に株式を後継者に贈与する形にしました。その際、社長への退職金支給や含み損のある有価証券の売却や不良在庫を処分して株価を押し下げ、贈与税ゼロで株式の移転を実現できました（相続時に精算して課税）。

③経営者保証の解除

経営者保証の解除をめざし、「経営者保証に関するガイドライン」に則って経営基盤強化に取り組み、金融機関から経営者の個人保証の解除に応じてもらいました。

【コメント】

「娘だから継ぐのは無理、苦労はかけたくない」という社長の気持ちの一方、急なこと（社長の急逝など）が起こると、結果的に娘が何の準備もなく事業を引き継ぐケース（突然型の事業承継）が増えています。

従業員承継も、もちろん事業承継の有力な選択肢の一つですが、経営者の子は普段の生活から経営者の思いや考えを聞いており、「会社をなんとかしたい！」という気持ちが大きいことから子の承継のほうが望ましいと考えます。

事例4 他社に勤めていた40歳過ぎの息子を呼び戻し、3年で事業承継を果たす

相談時：社長（72歳）、後継者（長男45歳）への事業承継／従業員15名、専門商社

［相談に至る経緯］

長男は大学卒業後、親への反発もあってか、別の道（メーカー勤務）に進みました。しかし、40歳を過ぎて会社員としての成長に一つの到達点が見えたのか、逡巡していた時期に「私の後を継いではどうか」という父からの呼びかけに応じて入社。

こうして後継者候補は決まりましたが、事業承継の全体プロデュースをしてほしい、息子の成長を長期的に横から支える伴走者になってほしいということで、後継者と同年代の私に社長から相談がありました。

【当時の状況】

株式保有比率は、社長80％、社長の弟15％、ほか3名で5％。社長の妻はすでに他界。社長個人の資産は、株式5億円、現預金5000万円、土地5000万円（その上に会社建物）、自宅4000万円。

長男のほかに娘が2人。社長（72歳）は、3年後に長男に会社を譲る計画をもっています。会社業績は順調で、株価も年々上昇傾向にありました。なお、長男には専門商社の業界や経営に関する知識はありません。

【危惧した点】

役員陣や古参社員のなかには、社長の長男が後継することに反対する者がいました（業界未経験者であることに対する不安感や経営者としての力量に懐疑的）。3年で混乱なく社長交代につなげる教育計画が必要です。現社長の相続が発生した場合を考えて、株式や個人所有の土地（その上に会社建物）を長男に集中させたいのですが、会社を継がない娘2人への遺留分に配慮しなければなりません。

また、長男には資金がなく、株式の贈与税や相続税の資金を用意するのは困難な状況。分散している株式を放置しておくと、相続が発生すれば経営に関与しない相続人から、高値での買取りを求められることや、少数株主権の行使など後々トラブルが発生して、後継者が苦労するおそれがあります。株価も相続時にはさらに高まる可能性があります。

［おもな対策］

①３年後の社長交代を見据えた「事業承継計画書」の作成

社長は75歳（あと３年）で交代する予定なので、３年での計画的な株式や節税対策および教育計画を社長と後継者で策定しました。

長男については、古参役員を教育係にするとともに１年目は営業の現場に。同時に新卒採用チームを立ち上げ、そのリーダーになりました。また３カ月ごとのジョブローテーションで全部門を把握することに努めました。

２年目は、経営知識全般の習得を目的に外部研修に参加。ＢＣＰ（事業継続計画）の策定リーダーとなり、部門横断的なリーダーシップを発揮させました。

３年目で役員（専務）に就任し、管理部門の統括責任者に。中期経営計画を策定し、成長戦略を描く一方で、商工会議所や業界団体へのデビューを果たして経営者の仲間入り。社外の経営者向け研修にも参加させることにしました。

②家族会議を開催し、後継者に事業用資産を集中させることへの合意を得る

後継者には２人の妹がいたため、自社株が散逸しないよう家族会議を開催し、長男を後継者とすること、また後継者に全株式と土地を渡すこと、株式における法定遺留分の除外

を一族の合意として確認しました。長女、次女には換金性の高い資産（現預金、生命保険など）と自宅を相続させることにしました。

③　株価コントロール対策と分散株式の買取り

財務体質も良好であったため、現経営者が元気なうちに社長の弟や親族から株式を会社が買い取りました（金庫株）。あわせて含み損のある資産や不良在庫の処分、退職金支給を通じて株価を押し下げることにしました。

また、役員退職金規定がなかったため、整備しました。

④　経営承継円滑化法の活用

株価が下がったタイミングで、自己株式を社長から後継者へ贈与しました。

自己資金ゼロ（納税猶予）で贈与するために「特例承継計画」を策定し、都道府県知事の認定を得て「納税猶予制度の特例」を活用し（納税猶予すれば株価は関係ないとも思われますが、将来取消しなどペナルティーがあったとしても低い株価にしておくことが賢明です）、経営権を完全に長男に移行することができました。

【コメント】

入社後3年で社長交代を混乱なく実現できましたが、後継者と古参社員との関係性については、先代社長との意見にズレがありました。古参社員は後継者に対して業界未経験ということもあって、新社長になることに懐疑的でした。そこで、社長は後継社長が事業を運営しやすいように、自分が社長を退任するタイミングで一緒に引退させることも考えていました。しかし、私は古参社員との関係も本人に解決させることが重要であり、それがリーダーシップを磨く絶好のチャンスでもあるととらえました。

古参社員は残り、今では後継社長と古参社員が一丸となって経営戦略の実現に取り組んでいます。

事例5 株式信託の活用で資金ゼロで後継者に議決権を預け、経営の凍結を防ぐ

相談時：オーナー（80歳）、社長（息子・55歳）／従業員60名、卸売業

【相談に至る経緯】

オーナーはこれまで株式の暦年贈与を行ってきましたが、なお株式80％を持ち、株価も非常に高額となっていました。近年、オーナーの物忘れが多くなり、顧問税理士から「認知症対策も含め事業承継対策を行ったほうがよいが、どうすればよいか」と事業承継士の私に相談がありました。

【当時の状況】

オーナーは、株式80％を保有するほか、多数の収益不動産も保有。認知症が進みつつあり、いつ意思・判断能力を喪失するかもわからない状況。現社長の息子の株式は15％の保有にとどまっているため、経営権（議決権）が不安です。

現社長に多額の贈与税を支払う資金力はありません。現社長以外に妹がいます。事業承継税制の利用はありません。

【危惧した点】

オーナーが意思・判断能力を喪失した場合は、経営が停滞してしまいます（契約関係を結べず、株主総会の決議もできず、役員改選・定款変更・決算承認等もできなくなる）。一刻も早く議決権を現社長の息子に集中させる必要がありますが、高額の贈与税を支払う資金余力はありません。

【おもな対策】

① 株式信託の実施

判断能力がなくなれば契約ができなくなって経営が凍結してしまうため、オーナーが判断能力あるうちに信託契約を実施しました。株式信託であれば贈与税はかからないため、後継者である息子は資金なしに「議決権のみ」を得ることができます。経営の凍結を防げるので、取引先金融機関に事前承諾を得たうえで株式信託を実施しました。株式の使用収益権をオーナーに設定すると（自益信託）信託時の贈与税はかかりません。その後、議決権を信託した状態で贈与税のかからない範囲内で受益権を少しずつ息子に贈与していくことにしました。

現社長（息子）以外に妹がいますが、オーナーが死亡したあとの株式の承継先は現社長に指定しました（遺言と同様の効果）。

［コメント］

信託を活用すれば、オーナーから後継者へ元手資金なしに「議決権のみ」預けることが可能で贈与税はかかりません。後継者に議決権を預けてしまうことに不安がある場合は、現経営者が「指図権」を設定することで、これまでどおり経営権をもつこともできます。

さらに信託契約は、定款変更や会社の登記変更も不要です。相続人に兄妹（2人）がいる場合も、長男には株式を信託し（後継者へ議決権の集中）、長女に受益権を2分の1承継させる契約とし、その後長男に資金ができた段階で、長女の受益権を買い取るスキームにしておけば遺留分対策までできます。株式信託方式は、まさに事業承継の魔法の杖です。

おわりに　後継者にとって事業承継は大きなチャンス！

後継者不在による黒字企業の廃業――そんな状況に立ち向かうべく、私は微力ながら「1社でも後継者不在による廃業を防ぎ、親族内承継・従業員承継につなげていきたい」という思いで日々支援活動をし、また本書執筆の筆をとりました。

日本企業の90％以上はファミリービジネス（同族経営）です。最大の特徴は「どうすれば次の世代によい状態でつなげられるか」という長期目線の経営であることです。その意味で、親族内承継こそがサステナブルな承継（持続可能性が高い経営・承継手法）であり、ファミリービジネスが多いことは日本経済の強みでもあります。

しかし、親族内承継の方法やファミリービジネス・マネジメントを学ぶ機会はほとんどなく、承継に成功した会社もそうでなかった会社も、「たまたまうまくいった」「うまくいかなかった」という運まかせのような話になっています。親族内承継は、身内だからこその争いも発生し、後継者は孤立しがちです。継がせるほうも「まだまだ自分がやれる」など、親子間の承継はなかなか前に進まないという実態があります。

親族内承継を成功させる最大のポイントは、承継に向けた良質なコミュニケーションと、サクセッションプラン（承継計画）の作成に尽きます。親子間だけでは感情的になりやすいので、そこは金融機関をはじめ、外部の第三者を入れながら、承継に向けた冷静で良質なコミュニケーションの促進が求められます。

最後にあらためてお伝えしたいことは、第8章で述べたように、もしあなたが後継者候補の一人として生まれてきたのであれば、それは「特別な存在」であるということです。長年続いてきた会社にはこれまでに培ってきた基盤（信用や資産）があり、その承継は、立ち上げリスクのないベンチャーを起こすようなものであり、新規事業を展開する絶好の機会でもあります。そういう意味で、後継者にとって事業承継は大きなチャンスであり、継げる可能性があるのであれば、候補者として生まれたのであれば、承継したほうがよいと私は考えています。

本書が、「親の後を継ぎたい！」と1人でも多くの手が挙がり、事業承継を契機として新しい成長局面に入る会社が増え、日本に活力を吹き込む一助となれば幸いです。

最後に、本書を上梓するにあたり企画段階からサポートしていただいた、あさ出版佐藤和夫会長、亀谷敏朗様をはじめ、皆様に心より感謝申し上げます。また、本書に事例として掲載させていただいた企業の皆様にも厚くお礼申し上げます。

中谷　健太

著者紹介

中谷健太（なかたに・けんた）

株式会社新経営サービス　経営支援部マネージャー
事業承継士／中小企業診断士／経営革新等認定支援機関
同志社大学法学部、同大学院修了。事業会社の役員を経て、現在は「事業承継&経営革新の専門家」として、これまで中小企業約200社以上の経営改善および事業承継支援を実施。
コンサルタントとして蓄積してきた「成功ノウハウ」だけでなく、経営者としてのキャリアもあるため「経営実務」と「現場」を知るコンサルタントとして具体的な成果を創出でき、顧客企業からの信頼も厚い。
後継者不在や事業不振による廃業予定の会社、争族問題に発展した会社、社長の急逝による緊急対策など、様々な事業承継案件を担当し、事業承継後の経営革新・組織開発の支援までをも手掛ける。
全国各地の経営者団体、業界団体での講演、執筆にも精力的に取り組んでいる。
著書に『店長会議をちょっと変えれば会社の人事はもっとよくなる！』（商業界）、『ゼロからはじめるプロ経営コンサルタント入門』（共著、同友館）がある。

●株式会社新経営サービス関連サイト

新経営サービス　https://www.skg.co.jp/
事業承継支援サイト「事業承継はじめの一歩」　https://chusho-keiei.jp/succession/
経営支援サイト「事業計画プロ」　https://chusho-keiei.jp/

●研修・講演・コンサルティングのお問い合わせ

株式会社新経営サービス
E-mail　mas@skg.co.jp ／ TEL　0120-370-772

中小《ちゅうしょう》企業《きぎょう》の「事業承継《じぎょうしょうけい》」、この１冊《さつ》で大丈夫《だいじょうぶ》！
「子《こ》どもに会社《かいしゃ》をつがせたい」と思《おも》ったとき読《よ》む本《ほん》〈検印省略〉

2024年　3　月　25　日　第　1　刷発行

著　者——中谷　健太（なかたに・けんた）
発行者——田賀井　弘毅

発行所——株式会社あさ出版

〒171-0022　東京都豊島区南池袋 2-9-9 第一池袋ホワイトビル 6F
電　話　03 (3983) 3225 (販売)
　　　　03 (3983) 3227 (編集)
F A X　03 (3983) 3226
U R L　http://www.asa21.com/
E-mail　info@asa21.com
印刷・製本　萩原印刷 (株)

note　http://note.com/asapublishing/
facebook　http://www.facebook.com/asapublishing
X　http://twitter.com/asapublishing

ISBN978-4-86667-674-6 C2034